川普效應

權力心理學與全球棋局

遠略智庫 著

THE DONALD TRUMP EFFECT

不是他改變了體制，而是整個體制臣服於他
川普現象背後，是國家、群體與自我的集體投射

目錄

序言:一場尚未落幕的交易戰爭 ——
　　　從川普效應看權力心理與全球棋局 005

導讀專文:在權力的棋局中,看見川普的心理劇本 011

第一章　我是誰:人格的形成與心理底層 015

第二章　品牌即人格:從房地產到媒體巨頭 037

第三章　名人是怎麼打造的?注意力經濟與操控技術 .. 059

第四章　川普主義崛起:群體焦慮與反菁英情緒 079

第五章　交易為本的治理風格:政治即談判 099

第六章　第一次貿易戰:中美對峙下的心理賽局 119

第七章　疫情與心理防衛:一場否認的災難 139

第八章　權力的陰影:2020年選舉與後真相風暴 157

目錄

第九章　我回來了：川普 2024 的心理布局 ⋯⋯⋯⋯⋯⋯ 175

第十章　再起的關稅戰爭：
　　　　2025 年 4 月 2 日事件全解析 ⋯⋯⋯⋯⋯⋯⋯ 193

第十一章　與世界為敵：外交決策的心理版圖 ⋯⋯⋯⋯ 213

第十二章　川普與川粉：領袖崇拜的心理結構 ⋯⋯⋯⋯ 233

第十三章　官司纏身與反擊心理：
　　　　　法律是我情緒的武器 ⋯⋯⋯⋯⋯⋯⋯⋯⋯ 253

第十四章　拜登的美國 vs. 川普的遺緒 ⋯⋯⋯⋯⋯⋯⋯ 273

第十五章　川普的心理遺產：你還在我心裡 ⋯⋯⋯⋯⋯ 293

尾聲　重返權力之巔？
　　　川普第二任的心理劇本與全球賭局 ⋯⋯⋯⋯⋯⋯ 311

川普年表 ⋯⋯⋯⋯⋯⋯⋯⋯⋯⋯⋯⋯⋯⋯⋯⋯⋯⋯⋯ 313

序言：
一場尚未落幕的交易戰爭 ——
從川普效應看權力心理與全球棋局

　　2025 年春，川普重返白宮的身影猶如巨浪捲土重來，衝擊著華府、歐洲、北京、與臺北每一個外交決策的神經線。與其說這是一位前總統的復出，不如說，是一場權力心理的重演，一場全球尚未落幕的「交易戰爭」的新回合。而臺灣，就身處於這場交易牌局的最前線。

　　川普不是傳統政治人物。他的施政風格既非共和黨主流保守派，也非民主黨式自由主義，而是一種「交易型領導」（transactional leadership）的極致版本。他視政治為賽局，視外交為談判，視領導為「贏與輸」的對決。他的世界觀裡，沒有價值對價值的對話，只有籌碼對籌碼的交換。他不信任國際組織，蔑視全球共識，崇尚單邊主義與力量邏輯，並以強烈的自戀傾向、支配欲望與邊界模糊的語言操作，主導了他對外、對內的政策場景。

　　本書從交易心理學與權力操盤術的角度切入，解析川普如何用一套獨特的認知模型 —— 包括語言暗示、利益敘事、恐懼召喚與敵人建構 —— 成功操縱了支持者的心理，也將美國的

序言：一場尚未落幕的交易戰爭—從川普效應看權力心理與全球棋局

外交格局推入一種前所未見的動態不穩定中。這並非單純的民粹或保守主義興起，而是政治心理學上的「掌控模型」(control model)與「效能焦慮」(efficacy anxiety)交互作用的產物。

◎川普現象的本質：交易式心理與對手制約術

在傳統政治中，領導人透過價值建構與制度設計，維繫權力正當性。然而川普的邏輯更接近賭場思維：每一個政策都是下注，每一場言論都是籌碼。這種「交易式心理」的運作模式，不只出現在選舉動員，更貫穿於他的外交、經濟與軍事決策。

例如：他在第一次任期中對中國發動關稅戰，表面上是為了「公平貿易」，實則是在測試中國的讓步底線與國內政治資本的兌換價值；他對北約盟國的軍費要求，也並非基於安全架構考量，而是一場「付費換保護」的心理談判；對伊朗與北韓的政策翻轉，則是將戰爭邊緣作為壓力槓桿，企圖逼出對方妥協的空間。

這些操作，都源於他深刻理解**人類行為受「獲益預期」與「損失恐懼」支配**的心理本能。他不是政策專家，但他是談判桌上的高手。他習慣設下不對等的初始條件，放大對手的「失控感」，再藉此取得主導話語權。這也是「川普效應」真正令人不安之處：它不需邏輯一致，只要能情緒操控；它不依循制度流程，只要能製造失衡。

◎臺灣的尷尬位置：戰略資產或交易籌碼？

臺灣在川普的權力棋盤中，始終處於一種矛盾角色。從戰略角度看，臺灣是自由陣營抵抗中國擴張的前線，是民主與專制的對峙座標；但從交易邏輯看，臺灣也是一張籌碼——一個可以加碼施壓中國的談判工具，也可能在某些情境下被迫讓渡部分利益，以換取美方其他領域的妥協。

川普第一任期間對臺政策雖呈現友臺傾向，如軍售提升、高層互動增加與《臺灣旅行法》（Taiwan Travel Act）的推進，但其背後並非出於民主價值信仰，而更像是一種「強化籌碼」的動作：讓北京知道美方可以進一步升高壓力，也隨時可能收回。

第二任的川普將面臨更複雜的地緣局勢——AI 晶片成為國防核心資產，美中供應鏈進一步脫鉤、烏克蘭戰爭未解、中東局勢動盪。臺灣的半導體優勢，不僅是資產，也可能是壓力來源；美方或許會要求更多投資轉移、技術共享，甚至政治立場的清晰化。臺灣若無強大的自主談判籌碼與心理準備，極可能在「友臺」的口號之下，面臨更沉重的交易壓力。

◎心理戰場的前線：川普如何操縱群眾與政敵

本書也探討川普如何掌控人心。他熟知「社會比較理論」與「從眾效應」的心理學基礎，善用「敵我分化」、「情緒放大」與「危機敘事」，將支持者從選民變成信徒。從「建牆」到「中共病毒」，從「選舉舞弊」到「主流媒體是敵人」，川普不斷創造一個

對立、封閉且情緒高度動員的群體空間，讓所有理性分析都難以穿透。

對手不再是理念辯論的對象，而是需要被擊潰的「敵營」。這種語言結構與心理戰術，在臺灣其實亦屢見不鮮──政治社群極化、言論場域對立、民眾輿情操作，皆可見其影響。川普式話語的擴散，提醒我們：心理戰不只是武器，而是一種日常溝通的結構設計。

◎理解川普，就能理解這個世界的未來

本書從多角度切入川普現象，結合心理學、談判理論、戰略溝通與國際政治，目的不在讚揚或批判川普，而是企圖**解構其背後的心理與結構邏輯**。這不只是一本總統人物誌，更是一部「21世紀權力使用說明書」。

當今世界正進入一種「不對稱對抗」的新階段：國與國之間的賽局不再靠坦克與飛彈，而是晶片、數據、情緒與話語權；民主制度的威脅也不再來自軍事政變，而是來自話術操控、認知失真與制度癱瘓。

川普正是這種時代的縮影。他是全球右翼政治風潮的引擎，也是一種心理操作技術的極致展現。他所帶來的變化，不會隨著個人卸任而消失。若不理解他的語言編碼方式、心理操縱邏輯與交易式領導思維，我們將無法為未來四年，甚至十年的國際秩序做好準備。

◎臺灣的選擇：認知即武器，理解即防禦

對臺灣而言，理解川普的行為模式與心理結構，不只是國際新聞的消費，而是國家安全的基礎建設。我們不能用舊有的外交思維看待這位領導者，也不能以靜態分析來應對其不確定性。我們需要的是心理預測、戰略模擬與反操縱能力。

這本書，就是為此而寫。

在這場跨世代的交易戰爭裡，唯有掌握談判的語言、理解權力的心理，臺灣才能不被交易、也不被出賣。

序言：一場尚未落幕的交易戰爭──從川普效應看權力心理與全球棋局

導讀專文：
在權力的棋局中，看見川普的心理劇本

「川普不是異常，他只是過於真實地反映了這個時代的邏輯。」

這是本書的核心命題，也是我們在閱讀《川普效應：交易心理學與權力操盤術》時，不能忽略的深層線索。川普的政治風格或許令人反感，他的語言、動作、選舉手段甚至外交策略，都與傳統總統角色南轅北轍。但這不是偶然，而是一種更符合現實心理結構的新型政治行為模式。

在全球化退潮、社會焦慮與不確定性蔓延的時代，川普之所以能崛起、再起，並非因為他擁有完美政策藍圖，而是他精準地洞察了人類行為的「恐懼驅動」、「敵我投射」與「效能想像」。他不只是政治人物，更是一位將交易心理與群體動員結合到極致的「權力操盤者」。

◎重新定義「效能」與「敵人」：川普語言的心理邏輯

在本書中，你會看到川普如何重新定義選民的效能感。他從來不談制度改善，而是直接說：「他們在騙你，我來幫你討回來。」這種語言邏輯，不只創造敵人，也賦予支持者一種即時的權力快感。這是政治心理學中的「替代理念效應」(vicarious agency）：讓民眾覺得他們透過領袖，重新獲得了控制權。

川普的語言不需完整邏輯，而只需足夠情緒。他的每一場演講，都是一場群體的心理共鳴。他製造的是「對立框架」，讓人們在簡單的黑白分類中找到自己的位置。書中剖析了這種「社會二分話語」的技術性操作，並連結到行為經濟學中的「損失厭惡」與「認知框架」。

他不是在討好群眾，而是激發群眾潛藏的挫敗與恐懼，再將自己包裝成唯一的解方。這就是所謂的「敵意式動員」（hostile mobilization），也是我們從 2016 年至今全球政治不斷右傾的心理基礎。

◎交易不只是手段，是信仰：川普的領導類型解碼

本書另一個重要貢獻，是將川普定位為「交易型領導」（transactional leadership）的代表者。這種領導模式重視的是「利益換取忠誠」，而非理念導向。川普用極其直白的方式告訴全世界：我不是要當聖人，我是來做生意的。

從與北韓的非典型峰會、對中國的關稅攻勢、與俄羅斯的冷暖策略，再到對北約盟國的保護費式外交，川普將所有國際關係「降維」成了零和談判的場景。這不是缺乏策略，而是另一種心理賽局：他不信任制度，但相信個人交換；他不依賴同盟，但擅長利用恐懼。

書中提及，他的交易思維背後是「短期主義」與「控制焦慮」

的交錯。每一個政策發表、社群發文,都是一種「空間爭奪戰」:誰定義議題誰就獲得掌控感。這讓他在資訊爆炸、認知混亂的當代社會,取得難以被挑戰的話語地位。

◎臺灣如何定位自己:不成為籌碼,也不缺席遊戲

對臺灣而言,川普的第二任期帶來的不是機會與挑戰的二選一,而是「必須選邊但又不能選邊」的現實矛盾。在書中最後幾章,作者清楚指出,臺灣將持續處於戰略聚光燈下,半導體是護城河也是枷鎖,美中對峙是保障也是危機。

臺灣若只被動觀察川普政策走向,極可能落入「被交易」的角色,而無從改變條件。但若能掌握交易邏輯、談判語言與心理節奏,則有可能在賽局中設計出自己的一席之地。

這正是導讀者在此要提醒讀者的:**理解川普,不是為了追隨,而是為了生存**。當今政治不再只是制度運行,更是心理演算的戰場。掌握語言就是掌握控制;洞察心態就是掌握未來。

◎誰適合讀這本書?

- **政治觀察者與分析者**:本書提供從領導學、心理學、談判策略出發的川普現象解剖,幫助讀者超越新聞標題,深入理解其行動邏輯。
- **企業經營者與高階決策者**:川普的談判風格與交易策略,對企業如何面對高壓競爭、掌握主導地位,具有借鏡價值。

- **國際關係與外交人員**：本書清楚說明在川普主導下的單邊主義如何運作，也提供國際溝通中語言與心理應對的戰術框架。
- **一般讀者與青年學子**：在這個資訊混亂、價值撕裂的年代，了解川普不是為了政治立場，而是為了認清真實世界的運作機制。

◎川普效應，其實是我們的鏡子

川普或許只是歷史中的一個現象，但他的語言、心理策略與對權力的運用方式，卻深刻揭示了我們這個時代的情緒結構。民眾為什麼渴望強人？為什麼相信簡化？為什麼放棄制度而轉向直覺？這些問題不只存在於美國，也真切存在於臺灣。

若我們無法理解川普，就無法應對未來類似的領導風格；若我們只停留在情緒反應，而非策略思考，我們將在下一場風暴中，再次措手不及。

閱讀這本書，就是開始對未來的布局思考。

不是為了討好川普，也不是為了抵制他，而是為了在世界的劇烈搖晃中，為自己與國家，找到穩住的立足點。

第一章

我是誰：人格的形成與心理底層

第一章　我是誰：人格的形成與心理底層

第一節　皇后區的金童：
　　　　從家庭競爭到心理防衛

「我是家裡最小的，所以我總覺得自己必須證明什麼。」
"I'm the youngest in the family, and I guess I always had to prove something."

◆ 父權陰影下的競技童年

　　唐納・川普生於1946年，是紐約房地產大亨老川普（Fred Trump）五名子女中最年幼的一位。在外界眼中，他是一個含著金湯匙長大的孩子，從不曾體會匱乏與壓力，但若從心理發展理論來看，川普的童年其實更像是一場「證明自我存在價值」的殘酷競賽。

　　心理學家艾瑞克・艾瑞克森（Erik Erikson）曾指出，孩童在每一個成長階段都會面對不同的發展任務，其中「主動性 vs. 罪疚感」、「勤奮 vs. 自卑」這兩個階段尤其會影響一個人未來面對競爭、權威與成就感的方式。對川普而言，父親的冷酷與期待、兄長的「失敗典型」、自身的排行末位，讓他的成長不是一場學習與關愛的旅程，而是一場永無止境的自我證明。

　　身為五個孩子中最小的一位，川普從小就處在父權主導與兄弟競爭的雙重夾擊之下。這使得他極早地意識到，要在家庭

中獲得注意與認可,光是「乖巧」或「守規矩」遠遠不夠,必須用「表現」、「聲音」甚至「衝突」去爭奪資源。這樣的家庭互動,為他日後發展出強烈的支配欲與成功焦慮埋下了深層種子。

◆「成功才是愛的代價」:父親教會的心理公式

老川普是一位傳統、權威且極度功利的父親。他以房地產起家,信奉效率、紀律與實用主義,對孩子的要求近乎軍事化。在這樣的環境中長大,川普很早便明白了一套明確的心理運算公式:「成功=被父親愛=我有存在價值」。

心理學家卡爾・羅傑斯(Carl Rogers)曾指出,若兒童從小被「條件式接納」養育,他們會在無意識中建立起「唯有我達到某種表現,才值得被愛」的自我圖像,進而壓抑自己的脆弱、否認失敗、迴避懷疑。川普正是在這樣的心理環境中形成他的基本人格──一個外表強勢、實則極度害怕被否定的補償型自戀者。

兄長小弗雷德(Fred Jr.)原本是老川普欽點的繼承人,但卻因為性格溫和、不愛競爭,最終選擇成為飛行員並遠離家業,也因此遭受父親長期冷落。川普親眼看著兄長逐漸被排除在家族核心圈外,最終酗酒過世。他明白了一件事:不照著父親的規則走,就會被排除、貶低、甚至消失。這種心理創傷讓川普更加拒絕脆弱,甚至鄙視示弱者,他內化了一種極端邏輯──要麼贏,要麼被淘汰。

第一章　我是誰：人格的形成與心理底層

✦ 軍校教育與情緒壓抑的社會化歷程

13歲那年，川普因為在學校行為失控，被送往紐約軍校就讀。在這所充滿紀律與懲罰制度的環境裡，他非但沒有被約束，反而學會了另一種生存策略：壓抑情緒、強化支配、操控同儕。

根據社會心理學家希歐多爾・米隆（Theodore Millon）對「支配型人格」（dominant personality）的研究指出，某些人格特質者在高度紀律環境下，若無法產生內化與反省，反而會將外在規則轉化為「控制他人」的工具。川普便是如此。他在軍校建立起領導地位，學會以強勢態度獲得權威，並進一步將「攻擊性」轉化為一種正當化的行為風格。

從這段經歷可以看出，川普的領導風格非但不是來自反思與共感，而是源自在「不容犯錯的家庭」與「懲罰導向的教育體制」中所養成的一套心理生存規則。他學會如何操控，因為他不相信「信任」；他選擇掌控對話，因為他害怕被否定；他不容許懷疑，因為質疑意味著自我崩解的可能。

✦ 兄長之死與心理替代效應

小弗雷德的死亡，不只是川普家族的悲劇，也是川普自我心理定位的轉捩點。他不僅沒有走向哀悼與自省，反而更加堅定了自己的信念：我不能成為像他那樣的人，我要成為最強的那一個。

第一節　皇后區的金童：從家庭競爭到心理防衛

這裡隱含著一種心理學上稱為「替代效應」(substitution effect) 的深層機制，也就是在家庭創傷或失落事件中，倖存者可能無意識地背負起被否定者的角色，進而強化自我表現與自我肯定的需求。川普就是那個用「表現」來覆蓋創傷的弟弟。

多年後，他雖然公開談及對兄長的懷念，但同時又強調「他不夠堅強」、「他不應該喝酒」，將兄長失敗視為一種性格缺陷，而非人生遭遇。這種缺乏同理、責怪式的心理話語，其實正說明了川普潛意識裡對脆弱的恐懼，以及他對「失敗」這個詞的強烈排斥。

◆ 被迫成功的孩子，如何長成支配他人的大人？

從心理結構來看，川普並非天生冷血，也非天然反社會，而是被高度競爭、低度情感回應的家庭系統形塑成一個以「控制」為核心防衛機制的成人。他之所以講話強硬、永遠正確、拒絕道歉，並不是因為無知，而是因為害怕一旦承認錯誤，就會喚起童年那種「被排除」、「不被認可」的恐懼。

心理學家卡倫・荷妮 (Karen Horney) 將這種人格歸為「向人挑戰型」(moving against people)，也就是一種將人際關係視為競技場，把控制當作關係維繫方式的防衛策略。川普與人的互動，不論是家人、員工、政敵或選民，往往不是從「理解」出發，而是從「贏」出發。你不是我的盟友，就是我的障礙。

第一章　我是誰：人格的形成與心理底層

在這個邏輯之下，川普的語言風格、決策態度與權力觀，全都可以從他的童年家庭經驗與早期人格建構中找到根源。他是一個從一開始就被教導「要贏才能被愛」的孩子，而這樣的信念，最終造就了一位總是要求自己站在鏡頭中心、言辭激烈、無法容忍失敗的領導者。

第二節　老川普的影響：權威父親與競爭教養

「我父親教我如何贏得比賽。我一直都在打比賽，而且，我討厭輸。」

"My father taught me how to win. I've always been in competition-and I hate losing."

◆ 父親不是保護者，而是訓練者

對大多數人來說，父親是家庭中提供安全感的支柱，是孩子情緒上的靠山。但對唐納・川普來說，父親從來不是避風港，而是一位權威教官，是一位堅信「你只值得被肯定，當你做對了事」的績效導向領導者。

老川普（Fred Trump）出生於 1905 年，是德裔移民第二代。他白手起家，靠著戰後美國政府的住房補助政策興建大批住

第二節　老川普的影響：權威父親與競爭教養

宅，累積巨額財富。他信仰保守、紀律與成果，不相信情緒、共感與反省。這樣的個性不只延伸到生意場，也延伸到家庭治理。

從心理學角度來看，這是一種典型的「工具性父職」角色，也就是父親將自身視為「塑造成功孩子的教練」而非「感受與理解的提供者」。心理學家唐納‧溫尼科特（Donald Winnicott）強調「足夠好的父親」不需要完美，但至少要提供穩定與接納；然而老川普的方式，卻是以高度績效與勝敗二分法來管理孩子。

川普在這樣的環境中長大，自然學會用結果來換取關注，用勝利換取接納，並內化「人際關係就是場比賽」的生存法則。這種原型深植其心，無論日後是與員工、政敵還是媒體互動，他總在尋找一個明確的「輸贏結局」，並藉由不斷主導來掩蓋內心對失敗的極度排斥。

✦ 「爸爸最愛誰」的家族心理劇場

在川普家中，親情不是憑感覺說話，而是以績效做衡量。五個孩子就像五位參賽者，而老川普是那位只頒獎給「贏家」的評審。他不傾向表達情感，也極少給予語言上的讚美與肯定。

心理學家阿德勒（Alfred Adler）認為，家庭是人格發展的第一個「社會場域」，而兄弟姐妹之間的相對位置，會深刻影響一個人未來的行為策略。川普身為最小的兒子，從一開始就站在「得不到自然權威，只能靠超額表現來吸引注意」的位置。

第一章　我是誰：人格的形成與心理底層

　　他的長兄小弗雷德原本被視為家族繼承人，但性格溫和，不喜歡房地產事業，也抗拒老川普的掌控。他選擇成為飛行員，追求自我風格，卻因此被父親冷落與失望對待。川普親眼目睹了兄長的「墮落」過程，也學會了一個殘酷的家庭心理規則：「當你不選擇競爭，就會從這個家族中消失。」

　　因此，他所選擇的從來不是事業而已，而是一種心理位置的確認。他要當父親眼中的「真男人」、「真接班人」，不僅在事業上表現出色，更要在風格、意志、對抗中展現強硬。他成為父親所期待的孩子，也是那個願意「把父親放進自己心裡最深位置」的人，無論是認可還是恐懼。

◆ 極端父職如何造就極端人格

　　老川普不是不愛孩子，而是他學不會「如何柔性地愛人」。他把成功當成唯一標準，這點不只塑造了川普的價值觀，也讓他將所有「無法成功」的特質視為應該否定與排斥的部分。

　　這也就能解釋，為什麼川普對某些人群（弱勢族群、移民、女性、失業者）表現出不耐甚至輕蔑，因為在他的潛意識中，那些人就像他父親眼中的「失敗者」——無能、不值信任、沒有貢獻。他不是天生冷漠，而是習慣用冷漠來劃清邊界。

　　心理分析學派中的「超我」概念（由佛洛伊德提出）指出，父母的價值觀會被內化成孩子的道德準則與自我批判體系。川普

第二節　老川普的影響：權威父親與競爭教養

的超我中充滿了「勝者為王」的鐵則，也正因如此，他不允許自己示弱，更無法接受他人挑戰他的權威，因為那不只是對他的否定，更像是在質疑他的家庭信仰。

◆ 父子關係的延續與復刻

有趣的是，即使老川普已於1999年過世，川普仍時常在訪談中提及父親對他的影響，且多半以正面語氣表述：「我父親很強硬，他教我怎麼贏，怎麼把事情做好。」這顯示他仍然無意識地認同父親的價值系統，並將其作為自己正當化領導風格的基礎。

這種延續性，也讓他在養育自己的子女（如小唐納、伊凡卡、艾瑞克）時，複製了許多父親的行為模式：控制、高標準、表現導向。儘管包裝上更為現代，也加入一些形象管理與媒體設計，但核心邏輯仍舊是：「你夠強嗎？你贏了嗎？你能為我爭光嗎？」

他將家族當成企業經營，也將子女當成形象延伸。他要求效忠、要求成績、要求完美。這不是愛的自然流動，而是地位、榮耀與成就的交換條件。

◆ 沒有安全感的孩子，只能活在權威的陰影下

回顧川普與父親的關係，我們看到的不只是傳統家族的父權遺緒，而是一種高度功利的家庭心理模型。父親是老師、競

023

爭者、甚至是審判者,孩子要做的,不是活出自己,而是不斷贏得那份條件式的認可。

川普之所以成為一位極度強勢的領導者,不只是因為個人野心,而是因為他從小就學會「當你不強,你就會被看不見」。這樣的信念深植內心,也影響了他如何看待世界、制定政策、經營人際關係。

在父親眼中,他可能永遠都不是最好;但在他自己的世界裡,他只能是「最贏的那一個」,否則就不值得存在。

第三節　軍校與支配性人格的生成

「我喜歡紀律。我知道這聽起來奇怪,但我其實非常需要規則,才能自由地打破它們。」

"I like discipline. I know it sounds strange, but I actually need rules so I can break them."

◆ 被送走的孩子,不是改過,是重塑

在 13 歲那年,川普因為在學校屢次違規、行為衝動,讓父母深感頭痛。最終,老川普做了一個決定:將川普送往位於紐約上州的紐約軍校(New York Military Academy)。這不是一所普

第三節　軍校與支配性人格的生成

通的寄宿學校,而是一個以軍事紀律為主軸、講求秩序與控制的教育機構。對許多青少年來說,這樣的轉變可能是一場創傷;但對川普而言,這反而成為他人格中支配性特質的育成中心。

從心理發展的角度來看,13歲正值青少年進入身分認同探索(identity vs. role confusion)階段,這是艾瑞克森理論中的關鍵時期。在這個年紀被送進一個高壓體制,對部分孩子而言是矯正,而對另一部分孩子來說,卻是學習如何「統治與反制」的機會。

川普屬於後者。他沒有屈服於紀律,而是學會如何在紀律中操縱規則、支配他人。他曾回憶,自己在軍校「很快就適應下來」,而且「贏得許多尊敬」。這顯示他不僅沒有被體制馴服,反而將其轉化為獲取權力與主導地位的舞臺。

◆ **制服下的掌控欲:規範反成權力資源**

從社會學角度來看,軍校是一個高度結構化、階級分明的制度型環境。在這樣的環境中,地位、服從、階級與懲罰都清楚可辨。對川普而言,這樣的環境不僅不陌生,甚至與他的家庭結構有異曲同工之妙。

心理學家弗里茨・里曼(Fritz Riemann)曾指出,「控制型人格」會在秩序明確且有升遷機會的系統中表現出色,因為他們天生就善於在結構中操作規則,並從中獲得自我價值的證明。川

普在軍校中表現良好，擔任幹部、獲得同儕關注，這正是一種以紀律為工具進行社會資源操控的展現。

他並非真的熱愛服從，而是看穿了制度背後的遊戲規則，並透過「像個軍人一樣的行動」來建立個人權威。他曾說：「我其實不怕規則，我只是想確保這些規則對我有利。」這句話不是玩笑，而是對他人格結構的真實寫照。

◆ 情緒壓抑與敵意轉移：男孩變成鬥士

在軍校，表達脆弱是禁忌，情緒是低效率的象徵。在這樣的社交環境中，少年川普學到的不只是紀律，而是一套完全的情緒管理機制──壓抑、轉移、反擊。他不再表現出不安與害怕，而是以攻擊性語言、挑釁姿態和支配性互動來掩飾情緒波動。

心理學家卡倫・荷妮曾將這種行為模式歸類為「向人挑戰型人格」（aggressive type），其核心特徵是將世界視為競技場，關係不是合作而是對抗。他們的語言總是目標導向、缺乏共情，而與他人的互動往往從防衛性出發，不容許示弱。

川普在軍校期間建立的不是社交技巧，而是支配關係的基本套路。他學會如何讓別人害怕他、跟隨他、聽從他。這並非領導力的高階版，而是一種「支配式影響力」的低階展演。他不是感召人心，而是壓迫對手。

第三節　軍校與支配性人格的生成

◆ 從「問題學生」變成「系統贏家」

軍校不但沒有修復川普的問題行為，反而強化了他對規則、控制與權力的著迷。他從「叛逆」轉化為「統治」，從「對抗體制」變成「操縱體制」。這是一種更深層次的權力學習——把反社會傾向包裝成軍紀之下的行為效率。

這段經歷為他日後面對商業世界與政治舞臺打下基礎。因為他深知：只要掌握了規則，就能成為贏家。這樣的思維結構也使得他日後在面對法律、制度與道德規範時，總是抱持「只要我能贏，其他都可以再談」的態度。

更重要的是，他學會了「領導」是可以訓練的——不是透過感受他人，而是透過服從與懲罰的槓桿。這種以軍校為原型的權力觀，在他擔任企業領袖、真人秀主持人、乃至總統的角色中，都有極其鮮明的展現。

◆ 支配不是個性，是防衛型人格的結晶

軍校之於川普，不只是一次教育轉折，更是一場心理結構的強化歷程。他的支配欲、控制性語言、壓抑情緒表達、敵意推理與非共感思考，並非天生，而是在制度化的規訓環境中，被合理化、獎勵並強化出來的。

他學會了把軍紀當成策略，把服從當成道具，把支配當成語言。他的內在其實沒有安全感，但他用制度賦予他的權威與

等級來防禦一切質疑與脆弱。這不是軍校塑造的將軍,而是把自己武裝到牙齒的孩子,用制服遮蔽不安、用地位掩飾懼怕。

從軍校畢業後的川普,帶著更堅定的信念走入成人世界:人生就是戰場,而我將永遠是那個喊指令的指揮官。

第四節　自戀型人格與誇大自我的邏輯

「我沒有缺點。若有,那就是我太過完美。」
"I have no flaws. If I do, it's that I'm too perfect."

◆ 自戀不是炫耀,而是心理防衛

外界普遍將川普視為自戀的化身,從他的語言風格、形象包裝、決策語彙,到對媒體與讚美的極度依賴,都充滿一種誇大的自我中心性。但若僅僅以為這是虛榮或傲慢的表現,其實忽略了背後更深層的心理防衛結構。

心理學家海因茨・寇哈特(Heinz Kohut)曾對自戀進行重新詮釋,他認為所謂「自戀型人格」其實是一種源自早期情感匱乏的補償性結構。自戀者不是單純愛自己,而是害怕不被愛、害怕不被肯定,於是建立出一個極度理想化的「假自我」,作為抵擋失落與羞辱的盾牌。

川普在多次公開演說中提到「我知道比任何人都多」、「我有

第四節　自戀型人格與誇大自我的邏輯

最好的頭腦」，這些語句雖然在邏輯上近乎荒謬，但在心理上卻極具保護性。他需要讓外界相信他無所不能，因為這樣才能讓內心的自我懷疑安靜下來。他誇大不是因為安全，而是因為焦慮；他炫耀不是為了讓人羨慕，而是為了不讓人看穿。

◆ 鏡中自我與外在認同依賴

自戀型人格最明顯的特徵之一，就是對外界回饋高度敏感，並且將外在評價作為自我價值的依據。社會學家查爾斯・庫利（Charles Cooley）的「鏡中自我理論」（Looking-glass self）強調，我們之所以知道自己是誰，是透過他人的反應、回饋與期待來形塑。而對川普來說，他的自我幾乎完全依賴這面「社會的鏡子」。

川普對媒體的高度依賴就是最明顯的證據。他渴望被談論、被報導、被圍繞，即使那些報導是負面的，他仍寧可被批評也不要被忽視。他曾說過：「就算是壞新聞，也比沒新聞好。」這不是策略性的公關態度，而是一種心理上的存在焦慮——只要還有鏡子，我就知道我還存在。

此外，他對民調數字、推特按讚數、收視率等數據的執著，亦可視為一種「量化認同」的強迫性表現。他用這些外部指標來取代內在穩定的自尊。心理學家奧托・克恩伯格（Otto Kernberg）指出，這種外部化的自我價值體系會使自戀者極度在意「被看見的樣子」，但極少在意「實際是什麼樣的人」。

第一章　我是誰：人格的形成與心理底層

◆ 無法處理批評與否定的脆弱核心

川普最無法忍受的，不是失敗本身，而是被說成「失敗者」。他對於「輸」、「錯」、「不夠好」這些詞語的排斥，顯示其人格底層的脆弱與焦慮。他極少道歉，極少承認錯誤，甚至會將錯誤轉嫁給他人，這並非單純的傲慢，而是一種心理防衛的自動運作。

心理學家卡倫・荷妮曾指出，自戀者會因為對自我形象的過度投資，而在面對批評時出現「敵意投射」與「責任外移」的傾向。這正是川普的典型反應：當媒體批評他，他說是「假新聞」；當司法單位調查他，他說是「政治迫害」；當選民不支持他，他說「這些人被誤導」。

這些言行看似缺乏邏輯，實則背後隱藏的是一種潛意識的「認知失調調整」。為了維護誇大的自我形象，他必須在邏輯與現實之間建造一個可接受的心理迴路，即便這條迴路充滿扭曲與不一致，只要能維持自我穩定，就足夠了。

◆ 「贏家」敘事的心理投資

川普最喜歡的詞彙之一就是「贏家」（winner），而他最鄙視的則是「輸家」（loser）。在他的語境中，成功者理當獲得一切，失敗者則活該被排除。他曾說：「如果你不贏，你就什麼都不是。」這種極端的贏／輸二元思維，反映的是人格結構中的「成

第四節　自戀型人格與誇大自我的邏輯

就等於價值」模型。

心理學家亞伯特・艾利斯（Albert Ellis）指出，將成就與自我價值過度連結，會導致「必須式信念」（musturbation），即相信「我必須成功、我必須被喜歡、我必須一直獲勝，否則我就一文不值」。這樣的信念會使人產生極大的心理壓力，也會使其面對失敗時無法調適，導致憤怒、否認或退化性行為。

川普不允許自己輸，因為「輸」不只是事件的結果，而是自我存在的質疑。他的所有決策與發言策略，往往不是建立在政策邏輯上，而是建立在「如何讓我看起來像贏家」的認知框架內。對他來說，勝利是身分的證明，而非手段與目標的分離。

◆ 用自戀填補的不安，終將反噬自我

川普的自戀並非表層性的裝腔作勢，而是一種深層的心理結構。他的誇大、操控、過度表現，都是為了保護那個從小就深怕不被愛、不被選上、不被肯定的孩子。他把世界當成舞臺，把鏡子當成信仰，只因他無法從內在找到穩定的自尊來源。

他是自戀的專業操作者，同時也是自戀的受害者。他靠自戀贏得了權力與關注，卻也因此無法建立真正的人際互信與心理彈性。當世界不再為他喝采，當鏡像失真與反射停止，川普將面對的，不只是群眾的背棄，更是自我價值結構的崩解。

第五節　一個需要崇拜也害怕失敗的孩子

「有些人想要被愛，有些人想要被尊敬。我不一樣，我想要人們臣服於我。」

"Some people want to be loved. Some want to be respected. Me? I want to be feared."

◆ 成長的傷口，權力的鎧甲

川普的人格結構若用一句話形容，那就是：外在越強硬，內在越脆弱。他從不掩飾對權力的渴望，也不遮掩自己對失敗的厭惡，但若深入檢視其行為邏輯，會發現這些極端表現都源自於早期成長過程中的某些心理創傷與補償機制。

從家庭中的排行末位與競爭氛圍，到老川普無情的條件式認可，再到軍校制度化的權威訓練，每一段經歷都沒有給川普足夠的空間來建立「穩定的自我認同」。取而代之的，是一套以他人評價、戰鬥表現與地位控制為核心的自我評價機制。

心理學家榮格（Carl Jung）曾說：「人格是創傷的代償。」川普的「大聲」、「強勢」、「不認錯」、「攻擊性」不僅是性格選擇，更是一層層心理防衛的鎧甲。他並非無懼，而是太害怕自己一旦表露脆弱，就會再度面對被否定、被排除、被遺棄的痛苦記憶。

第五節　一個需要崇拜也害怕失敗的孩子

◆ 崇拜與恐懼的混合需求

川普在對外溝通中，極少談論「合作」或「信任」，他談的多是「勝利」、「忠誠」、「愚蠢的對手」、「背叛者」，這顯示他的人際模式從來不是互動式的關係建立，而是上下位階的權力結構。他要的不是理解，而是順從；不是被愛，而是被無條件支持。

這樣的關係需求，正符合心理學家埃里希‧佛洛姆（Erich Fromm）所描述的「權威式依附」人格。這類人格者對外尋求強大的認同依附，但同時也試圖轉化為自身的操控力，進而主導他人，來獲得情緒安全感。他們內心其實極為孤立，因為他們無法與他人平等相處，只能透過主從關係才能建立安全邊界。

川普的「崇拜需求」並非建立在自信之上，反而是對自我價值的長期焦慮。他不容許異議，不容許沉默，更不容許「被忽視」。當外界沉默不語，他會主動挑起戰火，只為確保自己仍在「控制中」。

◆ 恐懼失敗的真實動機

川普對輸的恐懼，並非來自外部的成敗損失，而是內部認同的瓦解風險。他曾說：「我不是怕輸，而是我無法忍受人說我是輸家。」這句話透露出他的行為動機從來不是策略理性，而是心理逃避。他不想面對「我不夠好」這種內在訊息，於是要不斷創造「我贏了」的外部敘事。

第一章　我是誰：人格的形成與心理底層

　　心理學家亞伯特・班度拉（Albert Bandura）的「自我效能理論」指出，一個人的行動信念與自我概念若無法結合，就容易產生焦慮與迴避行為。川普對政治挫敗的反應，不是反思失誤，而是全盤否定體系。這種迴避式思維，其實是為了保住那個「我不能輸，因為輸等於我不值得存在」的根本信念。

　　而在這個框架下，他不只無法道歉，更無法停下來。因為一旦停下腳步，他就會失去那個「掌控勝局的人」的角色定位，也會重新直面童年以來那種熟悉卻深埋的羞辱與孤獨感。

◆ 支配型人格與孤獨的結局

　　支配型人格者往往在短期內表現出強大領導力與影響力，但長期下來，卻容易在人際互動中產生疏離與排拒感。川普的人際圈也是如此。他不太能建立持久的互信關係，多數關係建立在利益交換與效忠期待上。

　　從心理學角度看，這是「權力依附失調」的典型症狀，也就是個體只能在自己擁有絕對主控的關係中感受到安全感，但這種關係往往不穩定，也無法抵禦時間與情境變動。一旦控制感崩潰，就會轉而激發更多敵意與報復心，這也正是川普面對挫敗時常見的反應模式。

　　他習慣用強勢解決所有問題，因為這是他唯一知道的生存方式；他總在放大自己的成就，是因為他害怕自己其實一無所有。他追求掌聲，其實只是想要確保自己「還存在」。

第五節　一個需要崇拜也害怕失敗的孩子

◆ 川普現象的心理起點

這一章試圖描繪的，不是一位總統的政治起點，而是一位男孩的心理出發點。川普的語言、行為、領導風格，其實早在他成為企業家與政治人物前，就已在家庭、軍校與個人防衛機制中逐步形成。

他不是一位簡單的自戀者，而是一位無法停止尋找鏡子的人。他的生命，不是從贏開始的，而是從不想再輸開始的。他的行為背後，藏著一個最基本的心理訊息：

「請不要把我當空氣。」

而這句話，是一位從小就渴望被愛、被看見、被確定價值的孩子，在權力世界裡的不斷吶喊。

第一章　我是誰：人格的形成與心理底層

第二章

品牌即人格：
從房地產到媒體巨頭

第二章　品牌即人格：從房地產到媒體巨頭

第一節　名字變成資產：品牌心理學的極致演出

「『川普』這個名字，就是金錢的代名詞。」
" 'Trump' is the synonym for money."

◆ 姓氏不是標籤，而是資本

在商業世界裡，有些企業靠產品說話，有些企業靠技術立身，但對川普來說，他的企業資產最核心的東西，就是自己的名字。當他在 1980 年代將「Trump」掛在川普大廈門口，這不只是一個標示建物的字樣，更是一種品牌信仰的公開宣言。

川普並非第一位將名字視為商標的企業家，卻可能是最激進、最徹底的一位。他將「Trump」註冊為商品與服務商標，橫跨飯店、高爾夫球場、礦泉水、香水、航空公司、教育機構，甚至是領帶與牛排。他從不試圖讓產品「代表他」，而是反過來讓自己「蓋章」在產品上，形成一種人格外化的商業機制。

社會學家厄文・高夫曼（Erving Goffman）在其著作《日常生活中的自我呈現》中指出，現代社會中的個人往往以「角色」方式在公眾面前展演自我，而品牌則是將這個「角色」制度化、形象化的工具。川普早已不只是人，他是角色集合體、意象產生

第一節　名字變成資產：品牌心理學的極致演出

器與信仰投射點。他的品牌不是行銷出來的，而是心理需求催生的。

◆ 為什麼「Trump」代表成功？

要理解「Trump」這個名字為什麼能代表成功，我們必須先理解他是如何操控人們對「成功」這個概念的心理預設。從1980年代起，川普開始公開塑造自己是「紐約地產王」、「不敗談判者」、「億萬富翁」的形象。他主動接受專訪、登上雜誌封面、出版自傳《交易的藝術》，這些都是他品牌策略的一部分──但更精準地說，是「品牌人格化」的一部分。

品牌心理學研究指出，人們會對品牌投射人格特質，進而產生情感依附與認同。珍妮佛・阿克（Jennifer Aaker）的品牌人格五維度模型（sincerity, excitement, competence, sophistication, ruggedness）中，「Trump」品牌被刻意設計為 competence（有能力）、sophistication（奢華）、ruggedness（剛強）三者的結合體。他不賣溫暖、不賣親和，而是賣強者姿態，這完美對應了他在父權家庭與軍校訓練中所吸收的價值觀。

他知道，美國社會對「贏家」有一種集體幻想，而「Trump」就是這種幻想的象徵包裝。他的名字不只是象徵，更是一個心理承諾：選擇這個名字，你也會變強、變富、變成主導者。

039

第二章　品牌即人格：從房地產到媒體巨頭

◆ 建立名字品牌的心理技術

從心理學角度來看，川普在建立名字品牌的過程中，應用了三項關鍵策略：

一、人格投射與品牌一致性

他本人就是品牌的「情緒代言人」，永遠自信、口無遮攔、永遠是贏家。他從不扮演溫和、理性、謙遜的角色，因為那與「Trump」不一致。他打造的是一種「主導性品牌人格」，讓人感受到：只要看到這個名字，就知道力量在哪裡。

二、反覆曝光與自我放大

根據心理學中的「曝光效應」（mere exposure effect），人們越常接觸某個名稱或圖像，就越容易產生熟悉與好感。他不斷在媒體上提到自己，讓「Trump」這個名字成為日常語彙，讓人甚至無法分清這是人名、商標還是名詞。

三、品牌歸屬與社會階層幻想

他透過高級商品與不易取得的服務（如 Trump Tower、私人高球俱樂部）來營造品牌的「階層感」，形成「選擇這個品牌，就是選擇進入另一個階級」的心理暗示。這種階級通行證的誘惑，在社會不穩與身分焦慮氾濫的年代格外有效。

第一節　名字變成資產：品牌心理學的極致演出

◆ 品牌＝自我價值：風險與依附

然而，當品牌與人格高度綁定時，雖然能短期獲得爆炸式成長，也會產生極大的風險。品牌的起伏不再是市場現象，而是個人聲望的延伸。川普的商業版圖中，不乏失敗案例──川普大學被控詐騙、川普航空倒閉、川普牛排成為笑柄──但這些失敗他從不承認，甚至反擊批評者。這其實並不是商業操作，而是人格結構的自我保衛。

心理學家丹尼爾・康納曼（Daniel Kahneman）在行為經濟學中指出，「自我關聯損失」（self-related loss）比單純的經濟損失更讓人難以承受，因為它動搖的是人對自身穩定性的想像。對川普而言，任何與「Trump」這個名字連結的失敗，都等同於自我價值的危機。因此，他寧願大聲否認，也不願承認損傷。

這種品牌即自我、自我即品牌的緊密結合，也讓他在政治領域能快速將「川普現象」擴展為「川粉文化」，因為他所輸出的，不只是商品與理念，而是一種身分定位與情緒載體。

◆ 名字是他最昂貴的資產，也是最脆弱的護盾

川普的成功，從不是單靠房地產或商業眼光，而是來自對「人們如何被心理學操控」的深刻直覺。他把名字當作品牌、品牌當作力量、力量當作情緒保護。這不只是形象操作，而是人格經濟學的典範。

在這樣的邏輯裡，名字不是代表他本人，而是他給世界的一個命令：「相信我，我是你想變成的人。」

第二節　川普大廈的象徵行銷與自我延伸

「我不只是在蓋大樓，我是在蓋一個象徵，一個屬於我的帝國。」
"I'm not just building buildings. I'm building a symbol. A monument to the Trump empire."

◆ 大樓不只是建築，是人格的延伸舞臺

川普於 1983 年正式落成的川普大廈（Trump Tower），不只是他事業的轉捩點，更是他心理結構的具體化產物。位於曼哈頓第五大道的川普大廈不只以金光閃閃的外觀吸引世人目光，更以「這是我，這是我成功的化身」的姿態，向世界宣告他的存在價值。

心理學家榮格曾提出「人格面具」（persona）的概念，認為人在社會中會創造一種面具形象，藉以應對他人期望並保護內在自我。川普將這個面具轉化為實體建築——一棟樓，一塊銘牌，一個入口——不再是角色的象徵，而是人格的延伸體。他的存在感，不只在言語中，也存在於地景中，永遠佇立在城市最昂貴的坐標上。

第二節　川普大廈的象徵行銷與自我延伸

這並非單純的建築行銷，而是一場心理宣示：「這裡，是我精神的領土。」

◆ 象徵行銷的心理設計：我不賣房，我賣幻想

川普大廈之所以成為品牌轉捩點，並非因其建築技術或實用性特別突出，而是它成功操作了「象徵行銷」(symbolic marketing) 的心理技巧。它不只是住宅或辦公空間，而是一個精心編織的「成功舞臺」。

行銷心理學家克羅泰爾・拉帕伊 (Clotaire Rapaille) 曾指出，消費者並不購買產品本身，而是購買產品所傳達的文化密碼。川普精準掌握這個邏輯。他將川普大廈塑造成美國夢的具象：金色電梯、黑色大理石、挑高大廳、專屬警衛、私人電梯⋯⋯每一處細節都在向訪客與住戶傳達：「這不是你能輕易進入的世界，而你願意付高價，因為你渴望被認可為這個世界的一部分。」

這就是品牌的高階心理策略：讓人掏錢，不是因為產品值這個價格，而是因為它讓你覺得「你也值這個身分」。

◆ 空間即權力：物理結構的支配暗示

走進川普大廈，你不難發現其空間設計極具心理效果。寬廣挑高的中庭讓訪客感覺自己渺小、金色牆面與水晶吊燈閃爍壓迫視覺、電梯門上刻著巨大「Trump」字樣，宛如提醒你：「這

不是你能擁有的世界，你只是過客。」

這種空間運用與心理暗示，在環境心理學（environmental psychology）中被稱為「空間支配感」（spatial dominance）。設計者透過結構比例與視覺焦點引導，使個體在空間中感受到特定的權力關係與階層位置。川普顯然精通這一點，他不是隨意設計建築，而是刻意設計權力感，並將自己的姓氏鎖進每個細節裡。

這些空間不是為人服務，而是為品牌人格立碑。川普大廈不只是一座建築，它是一種存在主張：「我比你高，我比你大，我比你更早就贏了。」

◆ 高價的幻覺：從不動產轉化為心理價值

川普大廈的房價與租金始終高居不下，甚至超過同區域實際市場價格許多。這不是因為建物本身條件特別優越，而是因為「名字效應」（name premium）在此發揮極致。根據行為經濟學者丹·艾瑞利（Dan Ariely）的研究，當人們對一個名字產生情感或象徵連結時，他們會願意為此付出超過理性評估的價格。

川普將這種「非理性溢價」轉化為資產獲利模型。他賣的從來不是建築本身，而是與他的名號、形象、勝利敘事綁定的價值認同。他知道，只要自己繼續成為新聞焦點、社會話題，他的名字就會升值，而他的房產也將連動上漲。

這是一種高度心理化的資本操作，把形象當股票，把建築當信仰，把消費者的欲望當燃料。

◆ 大樓是身體，城市是舞臺

川普大廈是川普人格的延伸物，是他將自己從一個人，轉化為一個象徵、一種品牌、一座地標的具體手段。他知道現代人對階級、權力、認同的焦慮，而他創造出一個可以被購買、被接近、但永遠無法完全擁有的心理場域，讓人為了靠近他的世界，甘願付出溢價。

這不只是空間設計或行銷策略，而是一個自戀型人格透過物質世界建構自我神話的心理工程。他的夢想不是建造房地產，而是建造一個讓全世界都看見「川普」的場景，而他永遠是那個在頂樓俯視一切的人。

第三節　媒體支配與鏡像心理機制

「只要媒體在談論我，我就是贏家。哪怕他們在批評我，那也表示我控制了話題。」

"As long as they're talking about me, I'm winning. Even if they're criticizing me, I control the conversation."

第二章　品牌即人格：從房地產到媒體巨頭

◆ 媒體不是鏡子，是武器

川普從來不是一個被媒體形塑的政治人物，他是一個主動形塑媒體角色、並以媒體為延伸權力的操盤者。他深刻理解，現代社會中「資訊就是武器，話語就是控制」，而最有效的支配方式，不是封鎖媒體，而是駕馭媒體。

早在從政之前，他便已是《紐約郵報》、《時人雜誌》與無數八卦刊物的常客。他不只配合採訪，甚至主動製造話題與戲劇效果。根據川普前幕僚爆料，他過去曾假冒自己的公關人員身分（化名為 John Barron），向媒體爆料「川普的新女友有多迷人」、「川普的交易又創新高」，藉此掌控敘事權與曝光節奏。

這種自我創造新聞、操縱媒體走向的策略，在心理學上可以視為「鏡像支配」（mirror control）：不是讓鏡子自然反映，而是設計鏡子該反映什麼樣子，從而讓觀眾相信那就是真實。他不是被媒體追著跑，而是讓媒體追著他說他想讓人相信的故事。

◆ 鏡中自我的政治舞臺

心理學家雅各・拉岡（Jacques Lacan）在鏡像階段理論中指出，嬰兒初次在鏡中認出自己，會同時產生兩種感受：自我統整的快感，以及與真實自我的疏離。川普的媒體操作，正是這種鏡像操作的延伸。他讓媒體反映出一個「完美、強大、無懈可擊」的自我形象，並持續以這個形象來向世界證明：「我就是成

功的化身。」

他擁有一種對影像、語言、表述的極高敏感度。他知道鏡中自我是人們判斷現實的基準,因此他打造一個足夠耀眼的影像,把真實瑕疵包裹在誇張語言與視覺符號下。這也是為何他總穿著深色西裝、搭配紅色領帶,始終保持「總裁」、「掌控者」、「不退讓者」的標準視覺文法——他不是穿給自己看,是穿給鏡子裡的世界看。

而當選總統後,他將這套技巧進一步轉化為「總統即品牌,政策即表演」的模式。無論是政策記者會、外交場合還是推特公告,他總在建構一個「我無所不知、無所不控」的領袖意象,即使現實完全不符。

◆ 注意力即權力:川普的訊息壟斷技術

在媒體心理學中,「注意力經濟」(attention economy)是一項核心概念。資訊過多的時代,誰能吸引注意力,誰就有話語優勢。川普精準掌握這一點,發展出一套極為有效的「訊息壟斷法」:

- **話題挾持**:在新聞週期運作前主動拋出極端言論(如「建牆」政策、「禁穆令」),迫使媒體將注意力集中在他設定的議題上。

第二章　品牌即人格：從房地產到媒體巨頭

- **語言奇觀化**：川普喜歡使用「巨大 (huge)」、「災難 (disaster)」、「假新聞 (fake news)」、「史上最棒 (the best ever)」等誇張語彙，這些不具精確意義但極具情緒能量的語言，能快速傳播且引發認知偏誤。
- **批判即推廣**：他將負面報導視為「另類廣告」，透過回擊批評、發文反諷，進一步拉高能見度與支持者的凝聚力。
- **高頻露出策略**：一天數次發推、一週多場公開發言，確保自己在媒體節奏中永遠是「主話題」，即便是透過爭議維持曝光，也視為一種有效存在方式。

這些技術讓川普不需要買廣告，也不需要經營形象，只要製造戲劇性，他就是主角。這不是行銷，而是一種「認知空間占領戰」。

◆ 推特與即時性人格：數位鏡像的自戀舞臺

川普最具代表性的媒體工具無疑是 Twitter。在 2016 年總統大選期間與任期內，他幾乎天天在 Twitter 發文，甚至繞過白宮新聞官，直接對公眾表達立場與情緒。這種直接、無濾鏡、無修飾的溝通方式，讓他得以跳過傳統媒體的過濾機制，塑造一種「真誠但強硬」、「親民但主控」的領導者形象。

從心理角度分析，這種即時發文的行為極度符合「自戀型人格」(narcissistic personality) 的操作機制：即時性回饋、高頻率

第三節　媒體支配與鏡像心理機制

讚賞、敵意批評回擊、權力感鞏固。他把 Twitter 當成一面自動鏡子，隨時提醒自己「我正在被看見、被評論、被討論」，這種持續性的鏡像投射滿足了他對存在感與控制感的深度需求。

社會學家雪莉・特克爾（Sherry Turkle）指出，數位平臺提供的「微小連續肯定」（tiny, continuous affirmations）會讓使用者對訊息傳送上癮。川普不只上癮，他甚至讓整個媒體環境上癮於他的話語，形成一種雙向綁架：他需要媒體關注，媒體則需要他製造點擊。

◆ 鏡像政治的極致實踐者

川普與媒體之間的關係，不是抗衡，而是共生。他像一位導演，也像一位演員，設計好鏡子要反射什麼，再把這面鏡子放進全世界的手機與螢幕裡。他懂得操控影像與語言，更懂得人們其實不是在找真相，而是在找一個看起來有力量、有方向、有話可說的人。

他不是媒體的產物，而是媒體時代的主導者。他不是在「接受」報導，而是在「塑造」報導。他不是想讓你知道他是誰，而是想讓你相信他是「唯一值得被關注」的那個人。

而這一切，都源自他從小對於被看見、被認可、被崇拜的無窮需求。鏡中那個川普，從來不只是反射，而是他最重要的戰略基地。

第四節　「贏家」敘事的心理學結構

「沒有人想當輸家。人生就是一場比賽，而我天生就是贏家。」
"Nobody wants to be a loser. Life is a game, and I was born to win."

◆ 「贏家」不是結果，而是一種信仰敘事

在川普的語言系統裡，「winner」與「loser」幾乎是二元宇宙的唯一分類標準。他不談細節，不說過程，他要的是一個清楚明確的結論——誰贏了，誰輸了，然後把自己永遠擺在贏家那一側。這種語言習慣不是隨意的，而是一個有邏輯、有策略、有心理深度的自我敘事機制。

心理學家傑羅姆・布魯納（Jerome Bruner）認為，人類不只是理性生物，更是「敘事動物」。我們透過說故事來建構自我、理解世界、安頓焦慮。而川普所說的「贏家故事」正是他面對不確定、焦慮與否定時，最常使用的心理工具。他不是用敘事解釋自己，而是用敘事保護自己。

從川普的演講、書籍到推文，你會發現一個高度一致的故事主題——**我是那個永遠贏的人**。這不僅是自我推銷，更是自我治療。他的「贏」，其實是為了不讓那個童年常被忽略、在父愛中競爭、害怕被當作「不夠好」的男孩再度受傷。

第四節　「贏家」敘事的心理學結構

◆ 認知偏誤與選擇性記憶的「勝利幻覺」

川普在面對爭議或事實時，經常會「重述」事件的版本。例如：面對事業失敗，他會強調「那是精準的商業撤退」；面對選舉敗選，他則宣稱「選舉被偷走」。這種現象心理學稱為「勝利幻覺」(illusory superiority) 與「選擇性記憶」(selective recall)。

這些心理機制並非刻意說謊，而是潛意識為了維護自我一致性所產生的扭曲。利昂・費斯廷格 (Leon Festinger) 的認知失調理論指出，當人們的信念與現實不符時，為了減少心理不適，他們傾向改變解釋方式而非改變信念。川普之所以能不斷自我肯定，是因為他將「失敗」重塑為「戰術」、「陰謀」或「被陷害」，讓「贏家敘事」得以持續存在。

這種敘事並不需要全然事實，只需要足夠情緒強度。對於支持者而言，「川普從沒輸過」未必是他們真正相信的歷史事實，而是他們選擇相信的心理現實。因為在這個故事裡，他們也成為「贏家的一員」。

◆ 「勝利即正義」：從交易思維到道德替代

川普的贏家敘事還有一個特徵：他將「成功」本身視為行為的正當性來源。他不相信價值中立或道德辯證，對他而言，「我成功了」就是「我做對了」，而不是「我做對了所以我成功」。

這種觀點類似心理學中描述的「後果導向倫理」(consequen-

051

tialist ethics），但被他極端簡化成為一種**行為合理化工具**。例如：在面對企業避稅質疑時，他說：「我懂得法律，所以我合法節稅。這不是作弊，是聰明。」或是面對人際衝突時說：「我贏了，因為我比他更強硬。」他不在乎過程的公平與否，只要最後站在舞臺上的那個人是他。

這種思維模式會讓人無視制度、破壞信任，卻極具吸引力。因為它給了焦慮群體一個捷徑：「你不需要道德辯論，只要學會贏就好。」

◆ 贏者信仰與投射心理的集體感召

川普不只說服自己是贏家，他更讓支持者產生一種「參與勝利」的心理投射。這是一種心理投射共鳴：當他說「我很棒、我成功、我就是美國」，其實也是在暗示聽眾：「你和我站在一起，也會因此變得強大。」

心理學家佛洛伊德在群眾心理研究中提到，領袖會成為群體自我理想的投影對象（ideal ego projection），這種心理機制會讓人產生對領袖的情感依附，即使領袖說謊或犯錯，也會被合理化。川普正是藉由不斷敘述自己「從不失敗、總能翻身」的故事，成為數百萬人「對抗世界」的心理象徵。

支持者不再只是選民，更是一種集體身分──「我不是在支持川普，而是在支持屬於我的勝利版本。」

第四節　「贏家」敘事的心理學結構

◆ 當勝利變成唯一的語言

川普的「贏家敘事」不是一場單純的誇耀，而是他人格的基礎建築。他以此抵禦失敗、隱藏脆弱、凝聚支持、正當化行為、抵擋否定。對他而言，贏不是一個目標，而是一個身分定位；不是為了得到什麼，而是為了維持那句心裡的自白——

「如果我不是贏家，那我就是個沒人愛的小孩。」

他不是想擊敗敵人，而是怕自己再次被排除在掌聲之外。所以他選擇永遠扮演那個站在舞臺中央、舉起拳頭的人。即使輸了，他也要說自己其實早就贏了，因為他不能承受沒有「勝利」的世界。

第五節　從商業舞臺轉向公眾舞臺：人格展演的轉型

「我不是一個政治人物。我是個品牌，一個現象，一場演出。」
"I'm not a politician. I'm a brand, a phenomenon, a performance."

◆ 從董事會走上舞臺：人格商品的政治化

在進軍政壇之前，川普已經是全美最知名的商業人物之一。他不只是地產大亨，更是電視明星、專欄作者、媒體焦點。他在《誰是接班人》(The Apprentice) 中扮演那位口頭禪是「你被炒了！」(You're fired!) 的絕對權威者，這個角色不只是娛樂，更是對美國民眾潛意識裡對「強人領導」、「決斷果斷」的情感投射。

川普從不是傳統政客，他也從未試圖成為政客。他是以商人之姿闖入政治領域，但他的武器不是政見、學歷或公共行政經驗，而是他那套早已在媒體與商業舞臺上演練多年的「人格展演模式」。他將自己當成一個節目、一場秀、一個正在播出的故事，主角當然只能是他自己。

在政治舞臺上，他沒有改變語言風格，也未修正肢體語言。他依然咄咄逼人、使用簡單詞彙、分明的敵我劃分、戲劇性的

第五節　從商業舞臺轉向公眾舞臺：人格展演的轉型

誇張語氣，並將這些元素打造成「川普品牌」的政治版延伸。這不是角色錯置，而是角色升級。

◆ 公共人格的建構：自戀、反建制與強人形象

川普在公共舞臺上呈現出的形象，其實高度吻合心理學上所謂「公共自戀型人格」（communal narcissist）。這類人物表面上訴諸群體利益，實則將自身地位凌駕於公共規則之上。他們經常以「我代表人民」為口號，實則說的是「只有我能代表人民」。

川普的語言策略中常出現「我懂」、「我能」、「我拯救了」、「沒人比我更……」這類第一人稱絕對語句，這種文法不只展現出極高的自我價值主張，也刻意模糊了自我與群體的界線，進而建立一種「我是人民」的心理投射橋梁。

人類學家麥可·麥考比（Michael Maccoby）在研究魅力型領導者時指出，自戀型領導人之所以能夠快速獲得群眾支持，是因為他們願意展現「超越制度」的自信與決斷力，這在社會焦慮、失序與轉型的時代特別具有吸引力。川普正是在「建制不可信、專家無用、傳統腐敗」的敘事背景下，以「強人領袖」的形象突圍。

◆ 娛樂化政治的心理依附

川普的政治演出風格並不來自智庫，也非政策推演，而是來自長期與媒體互動所累積的節奏感。他知道什麼語言能被剪

輯、什麼畫面會被瘋傳、什麼表情能製造衝突。他的競選造勢像演唱會，記者會像電視脫口秀，國會演說像一場節目開場。

這樣的風格與內容，在許多傳統政治學者眼中是不敬、非理性甚至危險的，但心理學卻告訴我們：娛樂化是現代公眾心理的安全機制。人們無法忍受繁瑣、模糊與複雜，他們渴望直接、明確、視覺化的情緒輸出。而川普提供的正是這樣的感官體驗──簡單粗暴，但有效。

這也解釋了為什麼即使在大量政策紛爭、道德爭議與批評聲中，仍有大量支持者堅定不移。因為他們不是在追隨一個總統，而是在投入一場他們參與其中的劇場，一場他們自己也成為主角的戲劇。他們支持的不是政策，是情緒；不是事實，而是認同。

◆ 舞臺人格的代價：真實自我的蒸發

然而，當一個人將自己完全舞臺化之後，會發生什麼？社會學家厄文・高夫曼在《日常生活中的自我呈現》裡提醒我們，一旦個體長期處於角色扮演與觀眾期待中，真實自我容易被逐步犧牲，最終出現「角色陷落」(role engulfment) 現象──也就是再也無法從表演中抽離。

川普的行為與語言越來越戲劇化、非理性，甚至連他自己都可能無法分清楚，哪些是策略性表演、哪些是內心信念。他

第五節　從商業舞臺轉向公眾舞臺：人格展演的轉型

在現實生活中也持續使用「推特文法」、「節目語氣」、「標籤式邏輯」來與人互動，彷彿他不再是那個來自皇后區的小男孩，而只剩下一個需要一直被看見、被高呼名字的角色。

這樣的狀態會帶來一種持續性的心理焦慮——**若沒有觀眾，我還算存在嗎？**

◆ 人格的商品化與政治化最終合流

從川普大廈到《誰是接班人》，從推特戰術到競選造勢，他一步步將「自己」變成一個可以販售、複製與投資的商品。當他踏上政治舞臺，這個人格商品不再只是賺錢工具，而成為影響國家、重塑制度與撕裂社會的權力工具。

他將人生視為舞臺，也讓舞臺成為自己唯一的現實。他不是在「扮演總統」，他是讓「總統」變成他能演得最好的那一個版本。

對他而言，人生不是一場政治歷程，而是一場鏡頭永遠不關的節目，而川普這個名字，將永遠站在開場音樂響起的地方。

第二章　品牌即人格：從房地產到媒體巨頭

第三章

名人是怎麼打造的？
注意力經濟與操控技術

第三章　名人是怎麼打造的？注意力經濟與操控技術

第一節　誰是接班人：用電視塑造真實

「我並不在乎人們如何看我。最重要的是，我如何讓他們看待我。」
"I don't care how people look at me. The important thing is how I make them look at me."

◆ 電視不是娛樂，而是塑造真實的工具

《誰是接班人》（*The Apprentice*）是川普在進軍政治之前最具代表性的媒體作品之一。這檔 2004 年首播的真人秀節目，迅速將他從一位地產大亨轉變為家喻戶曉的明星，並為後來的總統競選打下了媒體基礎。

在這個節目中，川普扮演的角色是一位冷酷、果斷、不容忍失敗的企業大亨，每集節目中，他都會淘汰那些無法達到高標準的參賽者，並以代表性的「你被炒魷魚了！」（You're fired!）收場。這不僅是一句名句，而是川普塑造自我形象的關鍵語言。

從心理學角度來看，《誰是接班人》不僅是一檔娛樂節目，它是一個極為精密的媒體操作工具，將川普的人格特徵與價值觀進行最大化展現，並將這些特質轉化為觀眾對他真實性的感知。在電視螢幕前，川普不是扮演一個商業領袖角色，他是在塑造「真正的自己」——那個能夠掌控局面、做出決策並終結不合格者的強人。

第一節　誰是接班人：用電視塑造真實

◆ 創造自己：「真實」不必與事實一致

　　《誰是接班人》的成功，其實源於川普在此節目中對「真實」的獨特詮釋。他不是扮演一個經歷過商業困境、長期謀略或是多層次人際互動的領袖；相反，他將自己塑造成一個「不容挑戰的決策者」，一個每個選擇都彷彿為了塑造完美結果的英雄人物。

　　心理學家喬治・賀伯特・米德（George Herbert Mead）的「自我概念理論」指出，人類的自我形象往往是社會互動中的建構結果。對川普來說，他透過《誰是接班人》這一媒體舞臺，不只是呈現自己，他是在建構一個特定的自我形象——一個「總是對的、總是強勢、從不妥協」的自我。這樣的塑造不需要完全真實，只需要呈現出一種符合觀眾情感需求的「真實性」。

　　這也解釋了為什麼觀眾如此熱衷於這個節目，因為他們所看到的並非一個經過精心設計的角色，而是一個充滿力量的「真實人物」，一個他們心中對成功與權威的想像化身。

◆ 領袖與觀眾的心理投射

　　《誰是接班人》的另一大成功要素，是其極強的觀眾代入感。在這個節目中，川普並非單純的一個企業大亨，更像是一位在遊戲中引導觀眾情感波動的領袖人物。他在觀眾心中所創造的不僅僅是名人效應，更是一種「情感代入」。觀眾不僅僅是旁觀者，而是參與者，他們希望看到自己能夠達到同樣的決斷力、

第三章　名人是怎麼打造的？注意力經濟與操控技術

權威性與勝利感。

這種心理投射的機制，可以追溯到心理學家佛洛伊德提出的「情感轉移」（transference）理論。觀眾將川普所展現的強勢、果斷、權威與自信，轉移到自己身上，並與自己的期望與欲望相結合，將川普看作是一個「帶領自己達成成功的領袖」。這種情感的共同建立，使得川普不再只是一個參加真人秀的商業人物，而是觀眾情感世界中的一位重要人物。

◆ 形象管理：從角色扮演到真實生活

川普精準掌握了媒體與人物塑造之間的細微邊界。他了解，電視是現代人情感與認知投射的主要載體，而他在電視中的每一個舉動，都被無數觀眾看作是一種代表「成功」的象徵。這不僅是形象經營，還是**人格操作**。

這種操作邏輯與心理學中的「自我實現預言」概念相呼應。根據心理學家羅森塔爾（Robert Rosenthal）的研究，當人們對一個人持有某種期望時，這些期望會影響他們的行為，進而促使那個人實現這些期望。在《誰是接班人》中，川普被設計為一個不容挑戰的、終極勝者，觀眾無意識地開始將這種期望投射到現實世界中──不管他是不是在商業上真的成功，他的形象已經深植於每個觀眾的心中。

第一節　誰是接班人：用電視塑造真實

◆ 電視不只是娛樂，更是權力與身分的工廠

《誰是接班人》的成功並非偶然，它是一場精心設計的人格秀，是川普在媒體舞臺上演練出的一個權力符號。他將電視這一媒體平臺，從單純的娛樂產業延伸為個人品牌塑造的工具，並成功讓自己成為「強人領袖」的文化象徵。

他明白，電視不僅是表演的舞臺，更是自我身分的建構工廠。他的成功，並非僅依賴他的商業才能，而是建立在他能夠有效地操控觀眾情感的基礎上。對於川普而言，《誰是接班人》不只是娛樂，更是對「勝者文化」的永恆詮釋，也是他塑造自我、鞏固影響力的關鍵工具。

第二節　社群即權力：
　　　　推特治國與即時情緒釋放

「推特給了我與世界直接對話的能力，無需過濾，無需中介。」
"Twitter gives me the ability to speak directly to the world, no filters, no middleman."

◆ 推特的魅力：即時性、直接性與情緒化表達

對川普而言，推特（Twitter）並非僅僅是一個社交媒體工具，而是他重塑政治與個人品牌的核心平臺。推特的特性——即時性、限字數、公開性——完美契合了川普的性格與需求：快速、直接、無需過濾。他能夠以極少的文字，直接向全世界傳遞訊息，無論是關於政策、敵人還是自己的勝利。

社會學家雪莉・特克爾在其作品《在一起孤獨》中談到，現代人越來越依賴即時的情感表達與社交互動，這種變化帶來的結果是「隱形的自我」與「情感的外部化」。而川普的推特運用正好符合這種情感外化的趨勢：他不再透過傳統的演講、報告或專訪來表達自我，而是透過一個字數有限、即時反應的平臺來釋放情緒、控制話題並掌握對話節奏。

第二節　社群即權力：推特治國與即時情緒釋放

◆ 即時情緒釋放與控制話語權

推特對川普而言，像是一個開放的舞臺，隨時可以上演一場情緒大戲。他以推文為武器，釋放怒氣、揭露醜聞、挑戰對手，並以最極端的言辭來引起公眾關注。這種行為模式，其實與心理學中的「情緒宣洩」（catharsis）理論不謀而合。

根據情緒宣洩理論，當人們感受到強烈的情緒壓力時，透過語言或行為的方式表達出來，能夠有效減輕內心的不安與焦慮。川普並不隱藏情緒，他反而將其變成策略，將情緒釋放轉化為政治語言的一部分。當他用推文發布一個「極端」的觀點或評論時，他的情緒並非隨便發洩，而是深思熟慮的政治操作。

這種「情緒化的權力遊戲」與傳統政治人物相對冷靜、克制的作風完全不同，卻奇異地得到了大眾的響應。這種非理性、情感化的表達方式，吸引了大量與川普價值觀相符的群體，並在社交媒體上激起了廣泛的迴響。換句話說，推特成為川普「直接控制話語權」的橋梁，突破了傳統媒體的過濾與框架，讓他可以在全球舞臺上快速、精確地發聲。

◆ 異見與支持的極化：推特的雙刃劍

然而，推特並非一個只屬於支持者的迴聲室。隨著川普在推特上釋放更多的極端言論，他同時也激起了大量反對聲音。推特的即時性與公開性讓他的每一條推文都引來數以千計的回

第三章　名人是怎麼打造的？注意力經濟與操控技術

應,支持者為他捍衛,每一條批評則成為攻擊對象。這不僅僅是言辭上的對抗,更是社會心理學中所謂的「極化效應」(polarization effect)——即當人們面對強烈的立場時,他們的情緒反應會被加劇,立場更加鮮明。

法學專家凱斯・桑斯坦(Cass Sunstein)的研究顯示,社交媒體平臺會加劇群體內部的信念鞏固,同時促使群體之間的對立。川普的推特行為正是這種極化過程的催化劑。他不僅為支持者提供了情緒宣洩的管道,還將反對者推向對立的極端。在他的推特世界裡,沒有妥協,只有二分法的清晰界定。

這樣的極化效果在選舉期間尤為明顯。川普的推文常常將政治敵人定義為「假新聞」、「腐敗的政客」或是「無能的領袖」,這些語言不僅滿足了支持者對敵人的憎恨,也加劇了全國範圍內的社會撕裂。

◆ 直接對話與無中介的策略

傳統的政治人物依賴於記者會、演講或其他形式的中介來與選民溝通,但川普卻選擇將所有的話語權交給自己,透過推特直接與世界對話。這種做法,顯示出他對於「無中介溝通」的偏好,也代表了他不信任傳統媒體過濾與解讀的權力結構。他自認為最了解選民需求、最能反映「人民之聲」,所以推特成為了他突破傳統政治語境的工具。

這種無過濾、無中介的溝通方式，讓川普在選民中塑造了一種「真實」的形象，表面上看似直接、誠實、無所畏懼，但背後卻是巧妙的心理操作——用最極端的語言吸引注意力、用即時的情緒表達維護自己的支持基礎。

◆ 推特作為權力的操控工具

川普透過推特不僅重新定義了政治語言的表達方式，更突破了傳統政治與媒體之間的藩籬。他掌握了即時性與情緒性帶來的巨大影響力，並將推特變成了自己個人品牌與政治實力的延伸。對他而言，推特不僅是發聲的平臺，更是權力的展示場。

推特的成功讓他不僅擁有「傳播速度」，還能夠精準地將情緒與立場直接反映給支持者與反對者，並在過程中加強了他與選民的情感連結。這種即時、情緒化的操作方式，完全契合了現代社會中對「迅速反應」與「直接溝通」的需求，也為川普塑造了其獨特的政治品牌。

第三節　認知失調與極化語言的操作術

「讓人們相信你是對的，哪怕是錯的。」
"Make people believe you are right, even when you're wrong."

第三章　名人是怎麼打造的？注意力經濟與操控技術

✦ 認知失調與心理防衛的雙重策略

川普的政治生涯是一場巧妙的心理操控實驗，尤其是在他與媒體、選民以及對手之間的交鋒中，認知失調（cognitive dissonance）和語言極化技術發揮了至關重要的作用。認知失調理論由心理學家費斯廷格於1957年提出，指的是當人們的信念與行為發生衝突時，內心會產生不舒適的緊張感，從而促使他們改變其中一個元素以達到內心的和諧。對川普而言，這不僅是一種解釋自我行為的心理機制，更是一種策略──用語言操縱讓群眾的認知失調達到頂點，進而迫使他們做出選擇，或是改變立場，或是繼續支持他。

川普的語言極端化，特別是在推特上的表達，不僅是簡單的挑釁，它是對群眾心理的深刻理解和操控。他深知，當人們的認知與行為存在衝突時，他們會選擇最簡單的解釋方式，以達到心靈的自我安慰。這種策略讓川普得以操縱選民的認知邏輯，即使某些事實與他的言論不符，他依然能夠以情緒化的語言讓支持者維持信任，甚至將所有的批評視為來自「假新聞」或「政治迫害」。

✦ 語言極化的心理學：你是敵人，還是朋友？

在川普的語言中，對立是常態。無論是對媒體、對政敵，還是對自己的支持者，他的語言總是把人群劃分為「我們」和「他們」。這種語言極化技術，源自心理學中的「群體極化效應」（group

第三節　認知失調與極化語言的操作術

polarization），即當人們在群體中討論某一議題時，極端立場的表達會使群體的整體看法變得更加極端。

在川普的語言策略中，「敵人」往往被稱為「假新聞媒體」、「邪惡勢力」、「全球主義者」等負面標籤，這些標籤不是簡單的描述，而是極度簡化的情緒化符號，目的在於激發強烈的群體情感並促進內部團結。他透過創造簡單的二元對立，使選民的情感歸屬感更強，這樣一來，選民會在心理上自動選擇「站在勝利的一方」，而不必過多思考具體的政策內容。

◆ 認知失調與社交圈的自我選擇

川普的語言極化策略在社交媒體上特別有效，因為它促使群體內部的信念越來越極端，而群體外部的異見則被排除在外。在這個過程中，選民經常陷入「認知失調」，當他們看到與自己立場相違的事實時，為了避免內心的不舒適，他們會選擇忽視或貶低這些事實，而進一步強化他們的立場。這樣一來，川普所營造的「我說的才是對的，其他都是假話」的氛圍愈發強烈，選民的情感與川普的形象深度融合，形成了一個無法被輕易撼動的信仰體系。

心理學家格爾德・吉仁澤（Gerd Gigerenzer）提出，「啟發式思維」能幫助人們在資訊過載的情況下做出快速判斷，而川普正是利用這一點，透過簡單、極端的語言將複雜的現實問題簡化為簡單的「對錯」二分法。他的支持者，無論多麼質疑他言論中

的邏輯或事實,總能夠透過社交圈的強化和資訊過濾,將所有的不確定性轉化為對「川普故事」的進一步信任。

◆ 撕裂與團結:利用極化語言創造社會裂痕

川普在政治語言中的極端化,也是在故意創造社會裂痕。從心理學的角度看,這種策略屬於「社會分化」(social division)的極端表現。社會分化理論指出,當群體被劃分為對立的「我們」與「他們」時,這不僅會加劇群體之間的敵意,也會在群體內部形成強烈的凝聚力,因為群體的成員會越來越認同自己的立場,並對外界的挑戰產生更強的排斥感。

川普的極端言論,無論是對移民的言辭、對女性的挑釁、還是對其他國家的批評,無不強化了社會的裂痕。他利用這些語言加劇社會分裂,將支持者與反對者區分開來,並鼓勵自己的支持者「戰鬥」到底,這樣的情緒化語言讓川普擁有了巨大的社會控制力。當他在推特上發布一條挑釁性的推文時,他並非只是在發表一個觀點,而是在燃燒群體之間的情感對立,這使得他的支持者更加堅定,反對者則更加激烈。

◆ 操控語言,塑造現實

川普的語言操作,不僅僅是語言技巧,它深刻地展現了他對人類心理的掌握。他利用認知失調理論來操控選民的情感與

信念,利用語言極化加深社會分裂,並將這些策略巧妙地融合進他的政治策略中。最終,川普的語言成為他政治運作的核心武器,幫助他建立了一個強大而持久的支持基礎,也將他的品牌轉化為一個社會與政治現象。

他所使用的語言,不僅是一種政治宣言,更是一種心理學的操控。每一次推文、每一次言辭的挑釁,都在構築一個兩極化的世界,在這個世界中,只有贏家和輸家,而他,始終是那位勝利者。

第四節　媒體共犯結構:自戀者與觀眾的心理交換

「媒體和我,我們彼此依賴。沒有我,媒體什麼都不是;沒有媒體,我也不可能達到這麼高的曝光。」

"The media and I, we're partners. Without me, they're nothing; without them, I couldn't get this much exposure."

◆ 媒體與自戀者的共生關係

在川普的世界裡,媒體不是簡單的資訊傳遞工具,它是他建立權力、塑造品牌的重要伙伴。這一點在他當選總統後的日子裡表現得尤為明顯。川普與媒體的關係,並非傳統政治人物

第三章　名人是怎麼打造的？注意力經濟與操控技術

所謂的「關係緊張」，而是一種**共犯結構**。媒體依賴川普的話題性與爭議，而川普則依賴媒體為他提供不斷的曝光。這是一種彼此互利的關係，彼此的命運深深捆綁在一起。

心理學家梅蘭妮・克萊因（Melanie Klein）曾提出「共依存」的概念，指的是兩個人或群體在情感或行為上過度依賴對方，這樣的依賴可能帶來共生的正面效果，但也可能使彼此陷入不健康的情感結構。川普與媒體的共生關係，不僅僅是互利的，它更是一場權力與影響力的互相賦能：媒體提供川普曝光，川普提供媒體話題。

這種依賴並非平衡的合作，而是川普的自戀需求主導了整個關係。他並不僅僅是接受媒體的報導，而是在精心操控報導的方向和內容，讓媒體成為他形象塑造的延伸工具。

◆ 自戀型領袖的媒體操控策略

自戀型領袖，根據心理學家奧托・克恩伯格的定義，往往對外界的認同需求強烈，並依賴周圍的人來增強自我價值感。對川普來說，媒體不僅是資訊傳遞者，更是加深其自戀心理的放大鏡。每一次的媒體報導、每一場爭議、每一次的對抗，都是川普藉由媒體來維護自己領袖地位的策略之一。

他對媒體的操控並不僅止於公開言論，他更會透過針對性的新聞發布來達到自我曝光的目的。例如：在有爭議的政策或

第四節　媒體共犯結構：自戀者與觀眾的心理交換

言論發布後，川普會主動向媒體透露「關鍵字」或挑戰性的言語，讓媒體無法忽視。當媒體報導他的言論時，川普會隨即反駁或放大矛盾，形成一個新聞循環，讓每一次媒體報導都將他捲入更大的社會討論中。

川普所依賴的並非是深入分析的理性辯論，而是情緒化的言語攻擊與極端立場。他知道，媒體喜歡戲劇性，並且會根據這些元素來提升報導的吸引力。因此，透過挑起對立與矛盾，川普將媒體的焦點集中在自己身上，不斷維持曝光率。

◆ 媒體成為自戀者的「鏡子」

對自戀型領袖而言，媒體是他們的「鏡子」，不斷反射出他們希望展現的形象。這種現象可從法蘭克福學派哲學家赫伯特・馬庫色（Herbert Marcuse）的異化理論延伸解釋。他指出，在現代社會中，個體的自我感常受制於外界的評價與期待，因而形成一種對認同的依賴，尤其對自戀傾向者而言，外界的認同更被視為自我價值的延伸，藉此確認自身的「真實性」。對川普來說，媒體的報導不再是純粹的事實傳遞，它們成為他自我形象的支持工具。

每一次的媒體爭議、每一次的極端語言，都讓川普的「勝利者」形象得以在公眾中鞏固。他不是在透過理性說服選民，而是在運用媒體反射出他「強大」、「無所不能」的形象，這種操控媒體的方式讓他在選民心中建立了不可動搖的領袖地位。

第三章　名人是怎麼打造的？注意力經濟與操控技術

◆ 媒體與支持者的心理交換

在這種媒體共犯結構中，支持者與川普之間的關係也隨之變得更加緊密。支持者不再是被動的觀眾，而是積極的參與者。他們不僅僅消費川普所創造的故事，還成為這些故事的共同創造者。當川普釋放極端的言論時，支持者會主動回應、辯護，並加以擴散。這種行為背後，實則是一種「心理交換」——川普提供支持者強烈的情感體驗與身分認同，而支持者則透過對川普的支持來強化自我價值感。

社會學家霍曼斯（George Homans）提出的「社會交換理論」指出，人在社交互動中會根據情感投入與回報來評估互動的價值與持續性。川普與其支持者之間的互動，便是這一理論的典型例證。川普提供的是情感上的認同與身分認同，而支持者則將自己的忠誠轉化為川普「勝利者故事」的一部分。

◆ 媒體是自戀領袖的「權力顯微鏡」

總結來說，川普與媒體之間的關係是一種雙向權力交換的共犯結構。媒體提供川普所需要的曝光，而川普則利用這一曝光來強化自己的品牌與領導地位。這不僅僅是商業策略，更是深層次的心理操控。在這場媒體遊戲中，川普不僅是故事的主角，他是那個駕馭話語權、操控情感、塑造自我形象的主宰者。

對川普而言，媒體不是事實的報導者，它是他權力結構中

的重要棋子，是他成功的放大鏡，也是他自戀需求的強化器。這場權力與情感的交鋒，無論結果如何，都將永遠改變美國政治與媒體的遊戲規則。

第五節　誰需要真相？後真相時代的心理煉金術

「我不在乎他們是否相信我，重要的是我讓他們相信什麼。」
"I don't care if they believe me. What matters is what I make them believe."

◆ 後真相時代：事實與情感的融合

「後真相」（post-truth）這個詞，最早出現於 2004 年，但在川普的政治生涯中，卻被賦予了全新的現實意涵。後真相時代的特點是，人們對事實的理解不再以客觀證據為基礎，而是被情感、信仰、個人經驗和社會背景所塑造。在這個時代，真相不再是普遍接受的事實，而是一種情感的選擇，往往與政治立場、文化背景或情感需求相連結。

川普不僅擁抱後真相時代的特質，他甚至主導了這一時代的來臨。在他的言辭中，事實與真相經常被扭曲，然而這些扭曲並未削弱他在支持者心中的地位，反而讓他在情感上與選民建

立了更深的連繫。他不僅是政治人物，更是情感操控的高手。他以最直接、最簡單、最情感化的語言，將複雜的現實簡化為「贏」與「輸」、「對」與「錯」的對立。

◆ 心理煉金術：將謊言轉化為力量

川普的領導方式，不是基於傳統的事實論述，而是建立在**心理煉金術**的基礎上。他利用情緒化的語言，將矛盾、假象甚至謊言轉化為力量。在這個過程中，真相變得不再重要，重要的是他所創造的「故事」能夠引發群眾的情感共鳴。

心理學家嘉貝麗・厄丁頓（Gabriele Oettingen）提出的「期待理論」解釋了為何人們在情感上如此容易被故事所吸引。當人們對某個故事或事件的預期與情感願望相符時，他們更容易接受這些故事，並將其當作真實的事實來看待。川普正是運用這一心理機制，將自己所說的故事與選民的情感需求對接，無論是強硬的外交政策，還是對內的經濟訴求，他都能夠以情感為核心，塑造一個既具誘惑力又能激起強烈反應的「真相」。

◆ 操控情緒：從憤怒到忠誠

川普深知情緒操控的力量，並在其政治生涯中充分運用了情緒推動的策略。他不僅激發支持者的希望和信念，更重要的是，他能夠利用憤怒、恐懼、懷疑等情緒，將支持者凝聚成一

第五節　誰需要真相？後真相時代的心理煉金術

股強大的政治力量。這種情緒驅動的政治手段，往往能繞過理性思考，直擊人們的基本情感需求。

根據心理學家保羅・艾克曼（Paul Ekman）的情緒理論，憤怒是人類最強烈、最具驅動力的情緒之一，而川普正是利用這一情緒來增強支持者的凝聚力。在選舉過程中，川普的語言充滿了對「政治建制」的憤怒與挑戰，並將這種情緒投射到每一個選民身上。這樣的策略不僅激起了支持者的情感，更讓他們對川普建立了極高的忠誠度。

當川普說「假新聞」或「建制菁英」時，他其實是在挑起選民對現有體制的不滿，並利用這些負面情緒來加強支持者的忠誠。這種情緒化的語言策略將政治問題轉化為情感對抗，讓選民在心理上感到自己是與川普一同對抗不公平體制的「戰士」。

◆ 真相的消失：選擇性的認同與回應

川普的成功並不在於他提供了多少「真相」，而在於他所創造的情感環境讓支持者選擇性地接受與回應。根據社會心理學家喬納森・海特（Jonathan Haidt）的「道德基礎理論」，人類的道德判斷往往依賴情感而非理性，而川普正是利用這一點，創造了一種「情感正當化的行為」。對於他的支持者來說，川普所說的話語和事實並非是對錯的問題，而是關於「我們的信仰是否得到了支持」。

當媒體或反對派挑戰川普時，支持者的反應並非基於對事實的理性判斷，而是基於對川普所代表的情感價值的捍衛。他們對川普的支持，變成了對「真相」的選擇性認同——選擇相信川普所說的一切，無論這些話是否符合客觀事實。這種情感上的選擇性認同，正是後真相時代的一個典型現象。

◆ 後真相時代的自我重構

川普在後真相時代的成功，不僅依賴於他個人的媒體操作和情緒操控，更在於他精準地抓住了現代選民在資訊過載、情感需求和認知偏誤中的心理漏洞。他把「真相」變成了一種情感的建構，而非客觀事實的呈現。他將自己塑造成一個強大的象徵，並透過情感化的語言和極端的政治敘事，成功引領了一場前所未有的心理革命。

在後真相時代，川普讓「真相」失去了原有的權威性和客觀性，取而代之的是一種基於情感共鳴和心理依附的現實建構。在這個現實中，真相不再是我們應該追求的目標，而是每個人根據自己情感需求所選擇的故事。

第四章

川普主義崛起：
群體焦慮與反菁英情緒

第四章　川普主義崛起：群體焦慮與反菁英情緒

第一節　美國工人階級的心靈空洞

「他們都說我的支持者是被遺忘的，我想他們錯了。我的支持者根本不需要別人為他們發聲，他們只需要一個人讓他們的聲音再次被聽見。」

"They say my supporters are forgotten, but I think they're wrong. My supporters don't need anyone to speak for them. They just need someone who will make their voice heard again."

◆ 工人階級的歷史焦慮與心靈空洞

在川普的支持者中，美國工人階級無疑是最強大的基礎群體。長期以來，這些人感覺自己在經濟轉型、全球化以及技術進步中逐步被邊緣化。過去四十年來，隨著製造業的衰退與全球化的加劇，許多美國工人從事的藍領工作紛紛外包到其他國家，尤其是中國、墨西哥等勞動成本較低的地區。這些變化導致了工人階級在經濟上的不安全感，進而轉化為情感上的焦慮與心靈的空洞。

心理學家威廉・詹姆斯（William James）曾提出，人類的自我價值感來自於他們在社會中的角色認同與貢獻，而當某一群體的工作不再被視為重要或有價值時，他們的自我價值感就會

第一節　美國工人階級的心靈空洞

受到威脅。對美國工人來說，這種威脅來自於全球化使得他們的工作越來越不穩定，也使他們覺得自己在現代社會中的地位日漸微不足道。

川普深知這一點，並成功利用這一焦慮感來凝聚支持者。他將這種被遺忘、被邊緣化的情緒轉化為「我代表他們」的強大政治資本，並透過對比他自己與菁英階層的對立，將自己塑造成工人階級的英雄。

◆ 美式夢想的崩塌與對抗菁英的情感動員

美國工人階級的焦慮不僅僅來自經濟問題，更源於他們對「美式夢想」的幻滅。在 1950～1970 年代的黃金時代，美國工人憑藉穩定的藍領工作，能夠享有良好的薪資、福利以及相對較高的社會地位。然而，隨著製造業的外流和企業對外資的依賴，這一切開始逐漸崩塌。

心理學家艾瑞克森在其「發展階段理論」中提到，當一個群體或個體感覺到他們的生活目標與社會期望之間的矛盾時，會出現「認同混亂」的狀況。美國工人階級的身分認同遭遇嚴重挑戰，當他們的勞動不再被社會所需要時，他們便開始對自己過去的自我價值感產生質疑。

川普成功利用這種情緒，透過強烈的反菁英言論來激起他們的情感反應。他把自己塑造成與華爾街、大企業、高科技菁

英階層對立的「反叛者」，並藉此營造出一個簡單的故事：他代表了被遺忘的工人階級，反對那些賺取大量金錢的全球菁英。

◆ 心靈空洞的情感共鳴：川普與工人階級的連繫

川普的魅力並不僅在於他是否能夠解決工人階級的實際問題，而是他能夠強烈地與他們的情感需求產生共鳴。他並不深入討論具體的政策細節，而是用極簡的語言傳遞一個情感化的訊息——「你們並不孤單，我聽見你們的聲音，我和你們站在一起」。

這種情感共鳴並非單純的情感空洞，而是川普用自己個人的形象填補了工人階級心中的「空洞」。他將自己建構為那個從不妥協、不怕面對挑戰的領袖形象，並成功地將這種形象與工人階級的焦慮相連結，讓他們將川普視為自己「過去的價值」與「未來的希望」的象徵。

◆ 群體焦慮的政治資本

川普對工人階級的吸引力，並非來自於具體的政策或具體的改變，而是來自於他能夠精確地捕捉到這一群體的情感需求。他將美國工人階級的心靈空洞視為一種政治資本，並成功地將這份情感焦慮轉化為強大的選民基礎。川普利用工人階級的焦慮情感，並透過簡單、極端的語言將這些情感需求具象化，讓

他成為一個有力量、有影響力的政治符號。

這一切證明，川普主義的崛起並非偶然，而是精心構建的一種情感政治操作。他不僅反映了美國工人階級的焦慮，更在這些情感中找到了通往權力的路徑。

第二節　民粹心理學與代罪羔羊效應

「他們總是想把問題推給別人。我的選民知道，問題的根源不是他們自己，而是那些在背後操控一切的菁英。」

"They always want to blame others. My voters know the problem isn't them, it's the elites pulling the strings behind the scenes."

◆ 民粹主義的心理基礎：尋找敵人與簡單化的解釋

川普的政治崛起並非單純依靠他的商業經驗和名人效應，更與他成功調動民眾的情感有著密切關聯。尤其是在工人階級、低收入群體及那些感受到社會變遷威脅的群體中，川普的民粹語言起到了強烈的情感共鳴作用。他利用了民粹心理學中的核心元素：將社會問題簡化為「我們」與「他們」的對立，並巧妙地塑造了一個「敵人」，這個敵人就是「全球菁英」和「政治建制」。

第四章　川普主義崛起：群體焦慮與反菁英情緒

民粹主義往往關注群體與菁英階層的對立，並將社會、經濟困境歸咎於權力中心。這一過程基於心理學中的「簡單化認知」(cognitive simplification) 原理，人們在面對複雜的問題時，傾向於尋找簡單的解釋。當民眾面對全球化、技術變革及經濟不穩定時，他們需要一個具象化的敵人來理解自己的困境，而川普成功地將「全球化」、「外國工人」和「移民」等視為他們所面對問題的具體化代表，讓選民將所有的困難歸咎於這些「外來者」。

◆ 代罪羔羊效應：從外部威脅到內部敵人

代罪羔羊理論 (Scapegoat Theory) 提出，當群體處於困境或焦慮中時，會尋求外部的代罪羔羊，將所有的痛苦和困難歸咎於某個特定群體。川普非常巧妙地利用這一心理現象，將移民、外國政府和無法控制的全球市場，塑造為「罪魁禍首」，並在這一基礎上進行激烈的政治宣傳。

這不僅是他與支持者之間的情感交換，也是他將自己置於「拯救者」角色的方式。川普在演講中不斷重申，只有他能夠「改變現狀」，只有他能夠「將工作帶回美國」，並強調「只有我能打敗這些敵人」，這些語言有效地激發了群體的情感投射，讓選民將川普視為能夠解決問題的救世主。

當川普說「建立邊界牆」，他並不僅僅在談論一個物理性的結構，他是在創造一個心理結構，一個外部敵人的象徵。這堵

牆代表了對不確定性的防範，代表了對不安和恐懼的控制，並且將所有的內外不安定因素放在一個「有形」的敵人身上，讓群體能夠清楚地界定誰是「我們的敵人」。

◆ 群體認同與群體動員的心理機制

川普的民粹主義策略不僅僅是在指責外部敵人，他還在運用群體認同的心理學機制來鞏固支持者的忠誠。社會心理學家亨利‧泰菲爾的「社會認同理論」指出，人們的自我概念與他們所屬的群體緊密相關，當人們將自己定義為某個群體的一部分時，他們會對這個群體的利益及成就進行強烈的情感投入。

川普巧妙地利用了這一點，他不僅將支持者描繪為被菁英階層遺忘的「受害者」，還讓他們感覺自己是「強大反擊力量」的一部分。他經常使用語言將選民的情感與「美國」的偉大重建相關聯，將這些選民視為抵抗全球化與菁英操控的主力軍。川普並不是單純地依靠選民的利益需求，而是將選民的群體認同與自己的政治意識形態捆綁在一起，這樣他不僅能獲得選票，更能激發選民的情感和忠誠。

◆ 民粹情緒的長期效應：危機情感與集體行動

川普的民粹式領導所帶來的情感效應不僅限於選舉過程，它已經在美國社會中埋下了長期的心理結構。心理學家班度拉

第四章　川普主義崛起：群體焦慮與反菁英情緒

的「社會學習理論」指出，群體情緒的激發往往會促使群體行動。當一個群體的情感被強烈地喚起，他們的行為模式也會隨之改變，尤其是在情感不穩定、社會動盪的時期。

川普透過不斷強化反菁英、反全球化的情感，不僅激發了選民的恐懼和憤怒，也讓這些情感成為集體行動的驅動力。無論是在選舉中的投票行為，還是在政治對抗中的集會和抗議活動，川普的民粹情感動員都在持續發揮作用。他的支持者不僅對「菁英」和「外國勢力」充滿敵意，他們還對社會中的其他群體，尤其是移民群體，持有強烈的排斥態度。

◆ 代罪羔羊與民粹政治的相互作用

川普將民粹主義與代罪羔羊效應巧妙結合，並以此為基礎打造了一個穩固的選民基礎。他不僅成功地挑起了工人階級對全球化與菁英體系的憤怒，還透過塑造「外部敵人」來激化群體的情感需求。這一過程不僅改變了美國的政治格局，也為民粹政治的長期發展奠定了基礎。

川普的策略在於不斷將群體的焦慮和不安轉化為集體行動的驅動力，而這一切的核心正是他利用代罪羔羊效應，創造一個可以讓群體情感投射的對象。無論是移民、菁英還是外國勢力，這些「敵人」的形象無形中強化了川普作為「反抗者」的英雄地位，並進一步鞏固了他在支持者心中的領袖地位。

第三節　建牆、驅逐與族群焦慮的心理投射

「我們需要建立牆，這不僅是為了保護我們的國家，更是為了保護我們的文化、我們的生活方式。」

"We need to build the wall, not just to protect our country, but to protect our culture, our way of life."

◆ 族群焦慮與移民的象徵

川普的「建牆」政策是他政治主張中最具爭議和象徵性的部分之一。這項政策不僅關乎實際的邊界控制，更深層次地反映了美國社會中的族群焦慮與身分認同的問題。當川普呼籲「建牆」以阻止非法移民進入時，他其實是在激發並操作一種更深層的集體情緒：對於身分危機、文化變遷和族群不安的恐懼。

社會心理學家麥可・霍格（Michael Hogg）提出，群體在面臨變遷與不確定時，會尋求穩定的身分認同。而移民，尤其是來自拉丁美洲和中東的移民，成為了這一身分危機的代表性對象。在川普的話語中，移民不僅是經濟和社會資源的競爭者，更被描繪成對美國「傳統文化」的威脅。川普透過「建牆」的語言，將移民塑造成外來的「入侵者」，並將這一問題簡化為一個可以解決的「外部威脅」。

這樣的語言操作，成功地將移民問題轉化為一個情感化的

第四章　川普主義崛起：群體焦慮與反菁英情緒

焦慮來源，激發了那些對變遷、對新移民的身分挑戰感到不安的選民的恐懼。這些選民的焦慮並非源自於理性分析，而是深層的文化與族群焦慮，他們將移民視為對自己生活方式、文化傳承甚至整體社會結構的威脅。

◆ 驅逐與族群排斥的心理機制

川普的「驅逐非法移民」言論以及強硬的移民政策，進一步強化了這一族群焦慮的情感。他並不僅僅是提出政策，更是進行了情感上的調動，將非法移民與暴力犯罪、毒品販賣、恐怖主義等負面問題緊密相連繫。他把移民的問題與美國社會中的種族主義、經濟問題以及治安問題緊密結合，這樣的話語模式使得「驅逐移民」不再是單純的政治決策，而是「族群保護」的象徵。

從心理學角度來看，這種策略利用了「族群排斥」的心理機制。根據社會身分理論（Social Identity Theory），人們透過自我認同來確立屬於自己的群體邊界，並將其他群體視為外來的威脅。當川普將非法移民描繪為威脅、負擔，並將其與犯罪和社會問題連繫時，他實際上是在加強這一族群內部的認同感，而這種認同感來自於對「外來者」的排斥與抵抗。

第三節　建牆、驅逐與族群焦慮的心理投射

◆ 族群焦慮的心理投射：移民作為「替代敵人」

在美國精神分析師華特・查爾斯・蘭格（Walter Langer）對希特勒的心理分析中，他引用了「投射」這一防衛機制，指出當領袖無法面對自身內心的恐懼與危機時，往往會將這些情緒轉嫁到外部敵人身上，藉以重建自我控制感。在川普的政治敘事中，這一「投射」機制得到了充分的應用。美國部分白人群體，特別是工人階級，將他們對經濟變遷、文化變化和政治不安的焦慮，投射到移民身上。

這種情感投射讓移民不僅僅是經濟競爭者或社會負擔，更是某種象徵性的「敵人」——他們代表著所有不確定性、所有變遷的恐懼。對川普的支持者而言，這些移民成為了自己「失落的美國夢」的罪魁禍首。川普把移民問題框架化，使其成為簡單的對錯問題：要恢復「偉大的美國」，就必須清除這些「入侵者」。

◆ 建牆作為文化認同的象徵

「建牆」對於川普的支持者來說，不僅僅是防止非法移民進入美國的一項措施，它還是一個深層次的文化認同符號。這堵牆象徵著對過去美國「黃金時代」的渴望，象徵著對「美國優先」理念的捍衛。對這些選民來說，牆的建設不僅是對外來威脅的防範，更是對傳統價值觀、對「白人美國」優越性的一種保護。

第四章　川普主義崛起：群體焦慮與反菁英情緒

川普透過強調「建牆」的必要性，成功地將移民問題與文化保護、族群認同緊密結合，使其成為政治運動的核心。

◆ 族群焦慮的政治化

川普的「建牆」政策，並非僅是單純的移民管控措施，它是他政治敘事中一個重要的象徵，它將族群焦慮和文化焦慮政治化，並讓這些情感成為他選民基礎的核心。川普並不是單純地解決移民問題，他是在利用這一問題，深刻地觸及選民的文化認同和群體焦慮。

在這個過程中，移民不再是單一的社會群體，而是被川普成功地塑造成一個「代罪羔羊」，代表著所有不安、所有變遷、所有焦慮的源頭。這種情感操控讓川普能夠在美國社會中激發深刻的情感對立，並在這種對立中凝聚自己的政治支持。

第四節　白人男性的權力焦慮與性別重整

「我們需要恢復美國的力量，這不僅關乎經濟，還關乎男人在這個國家的地位。」

"We need to restore America's strength, and that's not just about the economy, it's about the place of men in this country."

第四節　白人男性的權力焦慮與性別重整

◆ 白人男性的焦慮：從經濟衰退到文化困境

川普的崛起，背後是一個深層次的社會變遷：美國白人男性的權力焦慮。這群人在經濟與社會結構的變化中，發現自己在逐步失去過去的主導地位。從 1980 年代開始，隨著全球化的推進，製造業的外包、科技的高速發展以及移民的增多，傳統的藍領工作與中產階級白人男性的社會地位逐漸動搖。

當一個社會群體的經濟與文化地位發生變化時，其成員常會陷入深刻的自我懷疑與認同危機。這類現象可從艾瑞克森的「認同危機」理論與皮耶・布赫迪厄（Pierre Bourdieu）的文化資本概念中獲得解釋。白人男性曾經是美國社會的主導力量，無論是在經濟、政治還是文化層面，他們都享有絕對的優勢。然而，隨著其他群體，特別是女性和少數族裔的崛起，這些男性逐漸感到自己的社會地位遭遇威脅。

川普的言論和政治策略正是成功地捕捉到這一點，他將這種「身分危機」轉化為強大的政治資本，並鼓勵這些男性投身於一場「文化重建」的運動中，將自己重新定位為美國的「真正主宰者」。

◆ 性別重整與男性權力的回歸

對川普的支持者而言，「重新恢復美國偉大」的口號並非僅僅是對經濟或外交政策的期待，更是一場對「傳統男性角色」的

捍衛。川普的成功在於，他將男性的「權力焦慮」轉化為集體的情感力量，並強調「回到傳統價值」的必要性。對於川普的支持者來說，這些傳統價值並不僅是宗教或文化的問題，而是關乎白人男性在當代社會中被邊緣化的現實。

在川普的語言中，女性的崛起、LGBTQ+ 權利的推進、以及少數族裔的利益訴求，經常被描繪為對「傳統美國」價值的威脅。川普不僅在經濟政策上提供解決方案，他也在文化層面上提出了對男性角色的重整。他語言中強烈的父權象徵與「男性優越」的暗示，深刻反映了他對傳統性別角色的認同與維護。

◆ 白人男性的文化防衛：對現代社會變革的恐懼

川普的成功並不僅來自於他的經濟政策，還在於他成功將白人男性的「文化防衛」情緒轉化為對抗現代化的工具。社會心理學家喬納森・海特的「道德基礎理論」指出，當群體面對快速變遷時，會感到自身文化價值的威脅，並採取防衛性反應。白人男性的焦慮，正是來自於對現代社會變革的恐懼，這種恐懼表現為對「新時代政治正確」、「女性主義」和「多元文化主義」的反感。

川普巧妙地利用了這一情感，將文化變革塑造成對白人男性傳統地位的威脅。他不僅提到經濟上的問題，還強調這些群體在文化、社會和政治領域中被「壓制」的現狀。他的言論語帶諷刺，經常將政治正確的倡導者、女性運動者以及移民問題，

第四節　白人男性的權力焦慮與性別重整

與他所謂的「真實美國價值」進行對比，並且強烈呼籲男性恢復「該有的地位」。

◆ 性別與權力的交織：川普作為男性權威的象徵

川普的言辭不僅僅是在政治語境中產生共鳴，它也在社會文化層面中引起了強烈的反響。他所塑造的自信、強硬且無所畏懼的男性形象，成為了許多白人男性心目中的權威象徵。這種形象既是對現代男性角色的回歸，也是對「弱化的男性地位」的一種反應。

社會學家麥可・金梅爾（Michael Kimmel）的研究顯示，當傳統男性角色受到威脅時，男性會尋求對權力與控制的重新確認。在川普的語言中，這種權力的確認展現為他對強硬政治、父權價值與傳統家庭觀念的強烈捍衛。對他的支持者來說，川普不僅是美國的領袖，他還是傳統男性權威的化身。

◆ 男性焦慮與川普的情感連結

川普的成功，反映了當代美國白人男性在面對現代社會變革時的情感困境。他並非僅僅提供經濟上的解決方案，而是成功將這些男性的權力焦慮與文化身分危機轉化為選票與支持。他利用了這些焦慮，並在其言辭中塑造了強烈的性別與權力象徵，將自己打造成「重建傳統美國」的領袖。

第四章　川普主義崛起：群體焦慮與反菁英情緒

川普的語言策略讓這些焦慮變成了政治資本，他將自己的形象與白人男性的文化認同緊密結合，使得支持者對他產生了強烈的情感依附。這不僅是政治領袖的成功，更是情感政治的典型表現。

第五節 「說出你不敢說的話」：川普的話語快感機制

「我敢說出大家都想說的話，這就是我能夠獲得那麼多支持的原因。」

"I say what everyone is thinking, that's why I get so much support."

◆ 打破禁忌：川普的語言攻勢

川普的成功，不僅僅依賴於他的政策或選舉策略，他的話語本身就是一種強而有力的政治武器。他的語言風格簡單、直白，且常常打破社會上的語言禁忌，挑戰政治正確的界限。他的直言不諱，尤其是在公共場合，讓許多選民覺得他是唯一一個敢說出他們心裡真實想法的政治人物。這不僅讓他在選民中建立了強烈的情感連繫，還讓他贏得了「真實」與「直率」的聲譽。

第五節　「說出你不敢說的話」：川普的話語快感機制

語言學家喬治・萊考夫（George Lakoff）指出，語言不僅僅是傳遞資訊的工具，它還塑造了我們的思維方式和社會結構。在川普的言辭中，每一個簡單的句子都蘊含著情感的力量和心理的衝擊，他並不是僅僅在說話，而是在引導情感反應，從而在群體中營造強烈的共鳴。他的語言是一種「釋放壓力」的機制，讓選民在現代社會中長期隱忍的情感得以宣洩。

◆ 話語快感：挑戰禁忌的快感與群體共鳴

川普的語言風格充滿了「挑釁」與「極端」的特質，他經常挑戰社會公認的道德標準，對政治正確發動猛烈攻擊。例如：他會對移民發表侮辱性言論，將婦女的權益訴求貶低為過度要求，甚至將競爭對手與犯罪活動掛鉤。這些語言不僅僅是策略，它還具有強烈的情感快感，讓聽眾感到一種「釋放壓力」的快感。

在心理學中，這樣的行為可以解釋為「反向情緒感染」（reactive emotional contagion），即當某些禁忌或被抑制的情緒得以表達時，它們會在群體中迅速擴散，產生共鳴。川普的支持者，尤其是那些對現有社會規範感到壓抑的群體，透過聽到這些語言，會產生一種情緒的釋放感，這讓他們對川普的情感連繫更加深厚。

第四章　川普主義崛起：群體焦慮與反菁英情緒

◆ 反政治正確：言語暴力與群體認同

　　川普挑戰政治正確的做法，其實是一種對傳統社會規範的反叛。社會心理學家法蘭茲・法農（Frantz Fanon）在《大地上的受苦者》（*The Wretched of the Earth*）一書中曾提到，當一個群體感到自身文化和價值觀遭受壓迫時，他們往往會表現出反抗的行為，而這種反抗會以挑戰社會禁忌的形式呈現。川普的語言策略，正是這種反叛行為的具體表現。他不僅僅是在批評現有體制，他在挑戰這些體制背後的語言規範，從而引發選民的情感共鳴。

　　這種反政治正確的語言，對於許多選民來說，是一種情感的解放。這些選民長期以來感到自己的語言和行為受到社會規範的束縛，而川普的話語恰恰為他們提供了發洩的不再是禁忌的出口。他們對川普的支持，並非只基於政策或經濟利益，更因為川普成功地表達了他們自己無法說出口的情感。

◆ 話語與行為的同步：語言操作的心理控制

　　川普的話語不僅僅是情感的表達，它們還與他的行為同步，並且具有強烈的心理控制效果。心理學家羅伯特・西奧迪尼（Robert Cialdini）的「影響力原則」中提到，語言的力量可以改變人們的態度與行為，尤其是在語言表達能夠強化群體的認同感時。在川普的演講中，他的語言不僅僅是言辭上的攻擊，更是行動

第五節 「說出你不敢說的話」：川普的話語快感機制

上的召喚。當他在公開場合說出「我們要讓美國再次偉大」，這不僅是政治口號，它也是一種情感的召喚，激發選民行動的動力。

川普的語言就像是一種心理催眠，他不僅在傳遞資訊，更在塑造選民的心理世界。選民聽到這些語言時，並不僅僅是理解這些字面上的意思，更是將這些語言與他們的情感、信仰及身分認同緊密結合。這樣的語言控制，使得川普能夠在不斷挑戰社會規範的同時，鞏固了自己在群體中的領袖地位。

◆ 話語的力量與情感的釋放

川普的語言不僅僅是一種簡單的政治工具，它是一種情感釋放的機制，是對不安、憤怒、恐懼等情緒的宣洩平臺。他的語言挑戰了過去政治語言中的禁忌，讓選民感受到他代表的是一種「真實」、「直率」的表達，而非社會規範下的虛偽。他成功地將這些情緒化的語言轉化為政治力量，並且讓支持者在這些語言中找到了自己未曾表達過的聲音。

這種語言的快感機制不僅是川普與支持者之間情感連繫的黏合劑，也是他贏得選民支持的關鍵。語言不再是冷冰冰的工具，而是能夠激起選民強烈情感反應、塑造政治認同的強大力量。對川普而言，語言不僅是溝通的方式，它是一場對情感的全面操控。

第四章　川普主義崛起：群體焦慮與反菁英情緒

第五章

交易為本的治理風格：政治即談判

第五章　交易為本的治理風格：政治即談判

第一節　國家也是企業？管理心理學的誤用

「管理就是談判，不論是在商業還是政治上。我把國家當作一個企業來管理，這是我成功的祕密。」

"Management is negotiation, whether in business or politics. I manage the country like a business, and that's my secret to success."

◆ 企業管理與國家治理的誤置

　　川普的治理風格強調「交易即治理」，將政治視為一場場經濟性的談判。他的理念根植於商業世界的成功經驗，特別是在物業投資與商業運營中的交易策略。然而，這種「將國家視為企業」的管理模式，忽視了國家治理中涉及複雜的社會契約、公平與正義的維護，以及對多元利益群體的協調。川普強調簡單高效的決策，將談判技巧與管理理論運用於政府運作中，試圖將一國治理簡化為商業交易的一部分。

　　這種治理方式在短期內可能帶來快速的決策和強烈的權力集中，但也忽略了國家治理的深層次需求。國家並不僅僅是一個可以透過「談判」達成最大利益的實體，它還涉及國民的福祉、法治的保障、以及社會秩序的維護。心理學家司馬賀（Herbert Simon）提出的「有限理性理論」指出，政治決策往往無法

第一節　國家也是企業？管理心理學的誤用

完全依賴理性交易與技術計算，因其涉及更多價值衝突與人類行為的不確定性，須在有限資訊與認知條件下做出「滿意化」選擇。

◆ 談判風格的投射：從企業到國家的心理轉換

川普的談判技巧強調權力動態、極端的要求以及讓步的策略。這些技巧在商業談判中十分常見，尤其是在土地開發和企業並購中，談判一方常常要求對方讓步，並用強硬的語言和條件來推動交易。然而，將這些商業談判技巧引入國家治理中，卻導致了許多問題，尤其是對待國際合作和多邊協議時。

川普的「最強硬的談判者」形象其實是對於商業世界的心理轉換。他習慣了透過壓力和極端要求來達成交易，而在治理中，這種模式可能導致與盟友的關係緊張，甚至引發國際對立。心理學家西奧迪尼強調，真正有效的影響建立在互信與認同感之上。雖然強硬手段可能在談判中取得短期成效，但若缺乏合作與尊重，長期而言反而會削弱說服力與關係基礎。在國際政治中，這一策略的適用性受到極大的挑戰。

◆ 管理心理學的誤用：忽略社會與人文因素

川普在運用商業管理模式時，通常忽略了國家治理中必須考慮的社會和人文因素。他強調的談判策略，重視的是「達成協

第五章　交易為本的治理風格：政治即談判

議」和「強勢談判」，但在國家管理中，這種方法可能忽略了公共政策的長期效益、社會公平以及各方利益的平衡。從心理學角度看，這樣的策略更符合短期的控制與效率，卻忽視了涉及公民權益、社會道德和制度設計的複雜性。

在企業管理中，川普習慣於以單一的目標來驅動決策，但在國家治理中，這樣的簡化方法可能帶來對社會多樣性的忽視。經濟學家阿馬蒂亞・森（Amartya Sen）提出，社會正義不僅僅是資源的分配問題，還涉及機會平等和多元價值的保障。將國家治理簡化為商業模式，可能削弱對這些複雜問題的敏感度。

◆ 群體心理與企業管理風格的融合

川普的治理風格還強調權力的集中和單一領導，這一模式與企業管理中的「集權決策」高度契合。在企業中，強而有力的領導能夠迅速做出決策並有效指揮團隊，但在政治治理中，這種集中的領導方式往往會與民主制度中的多方制衡原則相衝突。

心理學中的「團體迷思」（groupthink）理論指出，當領導者擁有過多權力並且未充分考慮不同意見時，群體的判斷容易受到主觀影響，導致錯誤決策。川普的集權式風格，讓他在決策過程中更多依賴自己的直覺與信念，卻可能忽略其他群體的觀點和意見，這在某些情況下可能導致政策的偏差或社會的分裂。

第二節　威脅、拉攏與懲罰：統治心理模型剖析

◆ 國家管理與企業模式的碰撞

　　川普的治理風格將企業管理的思維引入國家運作中，試圖透過簡化的談判和強硬的決策來應對國際和內政問題。然而，這一方法並不完全適用於國家治理的複雜性。政治並非簡單的交易，而是關乎價值觀、社會穩定和人類尊嚴的深層次問題。川普的管理模式在短期內取得了一定的效果，但長期而言，這樣的模式可能對國家的治理結構、國際關係以及社會和諧帶來挑戰。

第二節　威脅、拉攏與懲罰：統治心理模型剖析

「你要麼讓對方妥協，要麼讓他們知道，你會讓他們付出代價。」
"You either make them compromise, or you let them know, you're going to make them pay."

◆ 統治的心理模型：以強硬為主，懲罰與拉攏並行

　　川普的治理風格深受商業談判模式的影響，其中最顯著的特徵是將權力運作視為一場「交易」，並根據利益的對立或相對條件來進行談判。他的政治策略往往建立在威脅、拉攏和懲罰

三者的組合上,並強調「掌控局面」和「逼迫對方做出讓步」。

從心理學角度來看,這種行為模型符合心理學中的「強權－合作」策略。在這種模式中,領導者通常會根據對手的反應來調整策略:當對手顯示出強硬的立場或拒絕妥協時,領導者會採取威脅或懲罰的手段;相反,當對手顯示出合作的意願時,則會透過拉攏來達成協議。這樣的策略,強調的是「權力的動態平衡」,即在不斷的對抗中尋找妥協點。

川普在多次公開場合和私下談判中,展示了這一策略的運作。他既不畏懼使用強硬語言來對抗對手,也時常會以某些讓步來換取他所追求的最大利益。這種混合的策略讓他在商業界獲得成功,也為他的政治行動提供了支持。

◆ 威脅與懲罰:社會控制的心理機制

川普的領導風格不僅限於善用威脅,還經常採取懲罰的手段來維護權威。心理學中的「懲罰—獎勵」模型表明,當人們的行為與期望不符時,懲罰可以是一種有效的社會控制手段。這一策略在川普的外交政策、國內政治以及商業談判中都有充分展現。

例如:川普在與其他國家的貿易談判中,經常運用懲罰性關稅來達到自己的目標。當某個國家不符合他的要求時,他會立刻提高關稅,作為對不合作行為的懲罰。這種強硬的策略無

第二節　威脅、拉攏與懲罰：統治心理模型剖析

論是在與中國的貿易戰中，還是在北美自由貿易協議（NAFTA）重談中，都是他採取的主要手段。

心理學家伯爾赫斯·弗雷德里克·史金納（B. F. Skinner）的行為主義理論指出，懲罰可以迅速改變行為，但長期而言，懲罰如果過於頻繁或極端，可能會激發反感，並且難以維持社會秩序。川普的策略在短期內獲得了成功，但長期而言，可能會讓他失去某些國際盟友，並在國內引發更多的反彈。

◆ 拉攏與回報：心理學中的獎勵策略

除了威脅和懲罰，川普同樣善於利用拉攏的策略來達成目標。在與政治盟友、企業領袖以及其他國家的關係中，川普透過獎勵的方式來建立忠誠和合作。他會以減稅、政府合約、行業政策的支持等方式來回報支持他的人，從而加強他在內部與外部的政治聯盟。

心理學家西奧迪尼的「互惠原則」強調，人們更容易對那些對自己有好處的人產生支持與合作。川普的策略正是利用了這一心理原則，他的做法不僅能夠鞏固自己在權力結構中的地位，還能激勵更多的支持者與合作夥伴，促使他們在未來的政治或經濟交易中為自己提供支持。

例如：川普在選舉期間曾多次強調，當選後將會大力支持能源業和製造業，並為這些行業提供優惠政策。這些承諾不僅

第五章　交易為本的治理風格：政治即談判

激勵了相關企業和工會的支持，也加深了他與這些利益集團的結盟。

◆ 政治即談判：基於交易的政權運作

川普的治理風格將政治操作視為一場場談判。他並不將政治決策視為公民福利的保障，而是將其視為權力交易的工具。這一點在他任期內的各項政策中得到了明確展現，無論是在國內政策還是國際外交中，川普總是以「交易」的方式來進行每一次談判和決策。他強調的是「最好的協議」，而非「最公平的解決方案」。

心理學中的「雙贏談判」策略強調，理想的談判應該是雙方利益的最大化，並建立在雙方合作的基礎上。然而，川普的談判策略卻更偏向於「零和遊戲」，即一方的成功必然建立在另一方的失敗上。在他看來，政治不是為了公共利益的調和，而是為了爭取對自己有利的結果。

◆ 權力動態與談判風格

川普的治理風格展現了商業世界中「威脅、拉攏與懲罰」的強權策略，他的政治操作不僅建立在權力的強勢主導上，還透過極端的談判技巧來維護自己在國內外的地位。他的風格有時能迅速達成短期的政治目標，但也可能帶來不穩定的長期效果，

尤其是當他過度依賴強硬策略,忽視了合作與共識的價值時。

這種交易為本的治理方式,雖然讓川普在一定程度上獲得了成功,但同時也對國際關係、國內團結與民主制度的穩定性構成了挑戰。權力的使用不僅需要技巧,也需要對長期後果的深思熟慮。

第三節 「我有更好的協議」：永遠沒說完的談判

「你知道,大家都說我太強勢了,但事實上,我就是永遠不滿足,總是尋找更好的協議。」

"Everyone says I'm too tough, but the truth is, I'm never satisfied, I'm always looking for a better deal."

◆ 持續談判的心理動力：不斷尋求更好的協議

川普的政治風格與談判策略中,有一個最顯著的特點,就是他從不滿足於現狀,總是在尋找「更好的協議」。這一特質不僅在他的商業生涯中展現無遺,更在他的總統任期內貫徹始終。無論是與國際領導人談判,還是在國內政策上推動改革,川普的策略都是不斷要求對方作出更多讓步,並將協議的條件推向他所能接受的最有利位置。

第五章　交易為本的治理風格：政治即談判

心理學家西奧迪尼的「承諾與一致性原則」指出，人們通常會根據先前的承諾來做出行為決策，並期望其他人遵守他們的承諾。川普運用這一原則，以強烈的談判姿態不斷對對方施壓，要求對方作出更大的讓步。他的策略是透過持續的、反覆的談判過程，保持對手的心理不穩定，從而在談判中獲取更有利的條件。

這種「永遠在談判」的心態，讓川普在外交與商業談判中取得了某些成效，但也使他在政治生涯中多次遇到局限。持續的談判可能導致他未能迅速做出政策決策，並使得其他國家或政治對手在長期的賽局中產生牴觸情緒，甚至導致關係的惡化。

◆ 政治協議的「無終止條款」：為何談判永無止境？

川普的名言「我有更好的協議」，透露了他在談判過程中的一個關鍵策略——他總是在試圖尋找更具優勢的交易條件。在商業上，這一策略或許能夠促使對手做出讓步，但在政治領域，這種「談判無終止條款」的方式卻往往帶來了持續的不確定性。

從心理學角度看，這一策略反映了川普強烈的控制欲望與掌控感。根據心理學家丹‧艾瑞利的研究，談判過程中的不確定性和期望會加劇人們的焦慮感，這種焦慮感正是川普在談判過程中想要激發的情感反應。他利用對手的不安，迫使他們作出更多讓步，並進一步推進自己的談判目標。

第三節 「我有更好的協議」：永遠沒說完的談判

然而，這種「無終止條款」的談判方式也使得協議的實現變得更加困難。正如心理學家司馬賀所說，談判的核心在於建立信任和共識，而持續的、永無結束的談判反而會破壞這些基本的信任基礎。在國際政治和國內政策中，川普的這一策略可能會導致合作夥伴的疲勞，甚至讓盟友感到難以信任，進而引發長期的不穩定局面。

◆ 談判的情感賽局：如何利用對手的心理？

川普的另一個重要談判策略是他深刻理解並運用對手的情感反應。在許多商業與政治談判中，川普的語言和行為都表現出對對方心理的強烈影響。他懂得在談判中利用對手的焦慮、恐懼和自尊，將這些情感作為談判中的資本。他的手法並非單純依靠理性分析，而是精心構建情感賽局，使得對手無法擺脫情感的牽制。

根據心理學家康納曼的「行為經濟學理論」，人們在面對不確定和情緒挑戰時，往往會作出非理性的決策。川普在談判中經常使對方陷入情感不安，使他們感到自己必須作出更多讓步來避免損失或是達成交易。這種情感操控方式讓川普能夠在很多情況下達成自己所期望的結果，無論是在與其他國家的貿易談判中，還是在內部政策的推進中。

第五章　交易為本的治理風格：政治即談判

◆ 心理賽局中的零和思維

川普的談判風格深深根植於零和思維（zero-sum thinking）之中，即他認為談判的過程本質上是一場「勝者全拿」的比賽。這種思維模式在商業談判中可以理解為爭取最大化自身利益的策略，但在國家治理或國際合作中，零和思維可能會帶來長期的對立與分裂。

談判專家威廉‧尤瑞（William Ury）的研究指出，當兩方談判陷入零和思維時，合作的機會往往會減少，反而會加劇對立與衝突。川普在國際貿易政策中多次使用這一策略，尤其是在與中國的貿易戰中，他強調「關稅」的使用以及「不會讓步」，這種策略的背後正是零和思維的展現。他將每一筆交易視為雙方權力對抗的勝敗，而不是尋求雙贏的方案。

◆ 談判的無盡循環與政治的決策困境

川普的談判風格，即「我有更好的協議」，不僅是商業領域的成功祕訣，也是他在政治中所依賴的核心策略。他總是在尋求優於現狀的協議，而這種永無止境的談判往往使得協議變得難以達成。持續的談判可能在短期內帶來成功，但在長期政治運作中，它也可能加劇不穩定和不確定性，損害信任和合作的基礎。

這一策略的最大挑戰在於，政治並非簡單的權力賽局，它

涉及的是廣泛的利益、價值和多方協調。川普的「交易為本」風格讓他能夠快速做出決策，但也使得他在處理複雜的國際事務和國內問題時，時常面臨難以達成的結果。

第四節　對手越敵對，支持者越忠誠：群體認同的交換

「越是敵人激烈反對，我就越確信自己做的是對的。」
"The more the enemies oppose me, the more I'm sure I'm doing the right thing."

◆ 群體認同的力量：敵對中的凝聚

　　川普的政治策略中，一個顯著的特點就是他善於利用對手的反對聲音來強化自己支持者的忠誠度。他的支持者並不僅僅因為他們對川普的政策或理念的認同而支持他，更因為川普對敵對勢力的強硬立場和言辭，讓他們感覺自己與川普的立場是「正義」的一方，從而進一步強化了群體的凝聚力。

　　根據社會心理學中的「社會認同理論」（Social Identity Theory），人們的自我認同通常與他們所屬的群體有關，而對外部群體的敵意常常能夠加強內部群體的團結。川普深知這一點，因此在面對媒體、民主黨或是其他反對力量時，他不僅強烈反

第五章　交易為本的治理風格：政治即談判

駁，甚至進一步挑戰他們的正當性，從而在其支持者中營造出一種「我們對抗他們」的強烈對立感。

川普的言辭經常表現出對敵人或反對者的強烈批評，這不僅僅是出於對政策的不同見解，而是一種情感化的政治操作。當他面對反對者的攻擊時，他的支持者往往會感到自豪，並認為自己站在正義的一方，這樣的群體認同感讓川普在長期的政治鬥爭中獲得了穩固的支持基礎。

◆ 敵人是支持的催化劑：挑戰作為動力

川普在其政治生涯中所強調的「敵人形象」，並非單純的對立，而是一種戰略性構建的動力源。他的支持者的忠誠，不僅僅來自對川普本人的支持，更來自於他所塑造的「敵我對立」的情境。每當川普面對激烈的反對時，他會強調這是「邪惡勢力」與「腐敗菁英」的攻擊，而自己是「人民的捍衛者」。這種對立情境讓支持者在心理上感受到自我價值的認可，並強化了他們對川普的忠誠。

這種策略在群體心理學中被稱為「敵對情感的強化作用」（Hostile Emotion Reinforcement），即當群體內部認為自己面臨外部威脅時，這會激發他們更強的集體行動和忠誠感。川普的支持者在面對這些「外部威脅」時，會產生情感上的凝聚，使得他們在政治選擇上表現出更高的忠誠度。

第四節　對手越敵對，支持者越忠誠：群體認同的交換

◆ 政治正義的錯位：從「我與我們」到「他與他們」

川普的「我與我們」與「他與他們」的區別，並非僅僅是對立政治觀念的表達，更是對群體心理認同的深入運用。他成功地將「我們的利益」與「他們的利益」對立起來，並將自己塑造成「人民的領袖」，而其他反對勢力則是「人民的敵人」。這一操作讓川普的支持者將自己視為正義的一方，並在面對對手的攻擊時，將這種攻擊轉化為對川普更加忠誠的動力。

社會學家查爾斯・庫利的「鏡中自我理論」指出，人們的自我認知往往來自於他人對自己的評價。川普透過不斷強調反對者的攻擊，無形中讓支持者的自我認知與川普建立了深刻的連繫，將這種攻擊視為對自己的挑戰，從而激發他們的支持和行動。

◆ 文化戰爭中的忠誠：川普的「戰爭」語言

川普在與對手的對抗中，經常使用強烈的「戰爭」語言，將政治鬥爭描繪成一場道德的、正義與邪惡的對抗。這種語言策略不僅讓他自己在競選過程中顯得更具活力，也讓支持者感受到自己在文化戰爭中的重要性。川普的支持者並不僅僅是選擇一個政治候選人，他們選擇的是一場「文化戰爭」中的一方，而這一方代表的是「美國的未來」，「傳統的價值」，甚至是「白人美國的覺醒」。

第五章　交易為本的治理風格：政治即談判

在這場文化戰爭中，川普的語言不僅激發了支持者的情感認同，還強化了群體的敵意。對於川普來說，政治不是關於政策的辯論，而是關於「我們的價值觀對抗他們的價值觀」的戰爭。這樣的語言策略無疑讓支持者更加投入，並在每一次的對立中感到自己是在捍衛某種更高層次的「政治正義」。

◆ 對立中的忠誠與群體動員

川普的治理策略，從某種程度上說，是一場基於對立和敵意的群體動員。他透過將支持者與反對者劃分為對立的兩個群體，並利用這種對立來加強支持者的群體認同與忠誠。對於川普的支持者來說，這不僅僅是選擇一位領袖，更是選擇了在這場「文化戰爭」中的立場。

川普的成功，在於他巧妙地將群體的情感轉化為行動的力量，並透過對敵對勢力的強烈反擊，進一步鞏固了自己與支持者之間的情感連繫。他的政治策略表明，對立與敵意在某些情況下可以作為一種強而有力的政治資本，這一策略不僅改變了選民的投票行為，也為他在美國政壇奠定了穩固的基礎。

第五節　關稅思維的心理鍊造：零和 vs. 雙贏邏輯衝突

「關稅是一個簡單的工具，但對我來說，它是讓別人聽話的最好方式。」

"Tariffs are a simple tool, but for me, they're the best way to make others listen."

◆ 關稅作為「談判武器」

　　川普的貿易政策中，最具爭議的便是他對關稅的運用。他將關稅視為一種強而有力的政治工具，藉此在貿易談判中施加壓力，迫使對方讓步。與傳統的經濟學理論相比，川普更偏向於將關稅視為一種「零和遊戲」的策略──即在貿易中一方的得益必然來自另一方的損失。

　　心理學家司馬賀提出的「有限理性理論」解釋了在複雜情況下人們如何作出決策。在川普的思維模式中，貿易不僅僅是商品與服務的交換，更是一場心理戰爭。他認為，只有透過關稅這樣的硬手段，才能迫使對方達成符合自己利益的協議。因此，關稅不僅是經濟工具，它是達成政治目的的一個手段，是對「對方不聽話」的直接回應。

第五章　交易為本的治理風格：政治即談判

◆ 零和思維與雙贏邏輯的衝突

川普的關稅政策深深植根於零和思維（zero-sum thinking）。在這種思維下，貿易並非合作，而是一場雙方對立的競爭，每一方的利益增加都必然伴隨著另一方利益的減少。這種邏輯在傳統經濟學中並不被認同，因為許多經濟學家強調的是「雙贏」的貿易模式，即雙方都能從合作中獲益。

然而，川普的關稅思維直接挑戰了雙贏邏輯。他認為貿易協議應該是一場獲勝者和失敗者的賽局，他要求對方在談判中付出更多，甚至是以自國利益的犧牲為代價來換取美國的「公平份額」。這樣的零和思維在某些情況下可能能夠達成短期的經濟利益，但在長期來看，它往往會破壞多邊合作，並導致全球經濟的不穩定。

◆ 交易心態與關稅的心理操作

川普的關稅政策不僅是基於經濟邏輯，更是一種心理操作。從心理學角度看，關稅作為一種談判工具，可以引發強烈的心理反應，特別是對被施加關稅的國家。在川普的談判策略中，關稅是用來激發對方的「恐懼」情緒，迫使對方在面對經濟壓力時作出讓步。

根據心理學家康納曼的「前景理論」（Prospect Theory），人們對損失的敏感度遠高於對同等獲益的敏感度。因此，當川普

第五節　關稅思維的心理鍊造：零和 vs. 雙贏邏輯衝突

對某國加徵高額關稅時，那個國家所感受到的「損失」會大於任何可能的經濟利益。這使得該國在面對川普的關稅威脅時，會更加願意進行妥協。

◆ 關稅的長期心理後果：合作意願的減少

雖然川普的關稅策略在短期內可能強迫其他國家作出讓步，達成他所期望的貿易協議，但這種策略的長期影響卻可能會削弱全球合作的基礎。心理學家西奧迪尼的「互惠原則」指出，談判的核心應該建立在相互信任和合作上，而川普的關稅政策正好是對這一原則的挑戰。

長期的關稅威脅可能會破壞雙方的信任基礎，使得對方在未來的談判中更加防備，甚至迴避與美國的合作。川普的強硬談判風格或許能夠在某些情境下獲得短期的經濟利益，但也可能會削弱他在全球範圍內的合作關係，並造成全球貿易體系的不穩定。

◆ 文化與心理的角力：全球化中的「零和遊戲」

川普的關稅政策除了經濟層面的影響外，還觸及到了全球化背後的文化和心理層面。他的「美國優先」口號強烈表達了對全球化進程中美國被邊緣化的恐懼。這種恐懼在某種程度上反映了許多美國民眾對於全球化帶來的社會變遷的心理反應。川

第五章　交易為本的治理風格：政治即談判

普的言辭和政策向這些民眾發出了強烈的信號，讓他們感到自己被忽視的利益得到了回應。

然而，這種「零和遊戲」的心態，卻也加劇了國際間的文化對立。在全球化進程中，國際間的合作與相互依賴日益加深，川普的政策在某些情況下會被視為對國際秩序的挑戰，並進一步引發全球範圍內的反制措施。

◆ 關稅作為談判工具的兩難

川普的關稅政策展示了他作為一位領導者的談判風格──強硬、直接、零和思維。他將關稅視為一種談判工具，將其用來施加壓力並迫使對方做出讓步。然而，這一策略在長期來看卻有其諸多問題。雖然短期內可能帶來一定的經濟成果，但關稅所帶來的心理賽局和文化對立，可能對全球合作和貿易體系造成不利影響。這一策略揭示了「零和遊戲」與「雙贏邏輯」的衝突，也提醒我們在處理國際貿易與政治談判時，必須謹慎考慮其長期影響。

第六章

第一次貿易戰：
中美對峙下的心理賽局

第六章　第一次貿易戰：中美對峙下的心理賽局

第一節　中美貿易緊張的心理結構

「我們在與中國打貿易戰，不是因為我們想要，而是因為中國已經不斷在偷竊我們的工作、技術，甚至影響我們的未來。」
"We're in a trade war with China not because we want to, but because China has been stealing our jobs, our technology, and threatening our future."

✦ 貿易戰的心理戰爭

　　川普的中美貿易戰不僅是經濟層面的對抗，更是一次心理賽局的較量。對川普來說，貿易戰是一場以強硬態度和威脅為核心的政治與心理操作。他將中國視為美國的最大經濟競爭對手，並把貿易不平衡視為美國在全球經濟中的衰落證據。這一思維模式加深了對「中國威脅」的恐懼，進而在其支持者中塑造了「必須反擊」的情感。

　　從心理學角度來看，中美貿易戰表現出的是一種典型的「敵我對立」情境，這種情境在社會心理學中被稱為「群體對立效應」(ingroup vs. outgroup effect)。這一效應指的是人們傾向於將自己歸屬的群體視為正義的一方，而將對立群體視為不可信、危險的對象。在川普的言論中，中國被描繪為美國的敵人，這

不僅僅是一個貿易問題,還是文化、技術、甚至政治上對美國的挑戰。

◆ 中美貿易戰中的「損失感知」與「零和思維」

川普將中美貿易問題定義為一場「零和賽局」,即在這場貿易戰中,只有「贏」或「輸」的選擇。這與心理學中的「零和思維」(zero-sum thinking)密切相關。在這種思維下,任何一方的成功必然建立在另一方的失敗之上。川普強烈推崇這種思維模式,他認為美國在貿易中受到中國的剝削,這是美國長期遭遇貿易逆差的根本原因。

心理學中的「損失厭惡」(loss aversion)理論指出,人們對於損失的反應通常比對同等獲得的反應要強烈。川普利用這一心理,強化了「損失感知」,將中美貿易逆差塑造成美國在全球經濟中地位下降的象徵。在這樣的框架下,川普的支持者更容易將貿易戰視為一場捍衛美國利益、保護工人和技術的必要戰爭。

◆ 貿易戰的集體認知:中國的威脅與美國的防衛

川普在貿易戰中的策略,不僅是一場經濟對抗,它深刻地涉及到心理層面。他成功地將中國塑造成「偷竊者」與「威脅者」,將中美貿易問題轉化為一場文化與經濟的防衛戰。這種認

第六章　第一次貿易戰：中美對峙下的心理賽局

知塑造不僅僅在經濟領域產生影響，更在美國民眾心中種下了對中國的深刻不信任。

根據社會心理學家庫爾特・勒溫（Kurt Lewin）提出的團體動力學理論，當一個群體面臨外部威脅時，其成員傾向更加團結，群體凝聚力與忠誠度也會隨之提高。成員之間的忠誠度會提高。川普透過強化「中國威脅論」，讓美國民眾感到必須團結起來反對這個外部敵人。這樣的心理操作，使得川普的言辭得到了強大的群體支持，進一步鞏固了他在選民心中的領袖地位。

◆ 川普的情感操作：中國的經濟侵略與美國的反擊

川普的語言不僅限於經濟數據和貿易協議，他還巧妙地利用情感來推動政治立場。在多次公開講話中，川普強調中國的貿易行為對美國造成的「傷害」，並稱之為「經濟侵略」。這種情感化的表達方式不僅放大了中國行為的負面影響，還讓支持者將這場貿易戰視為一場正義的反擊。

從心理學角度來看，這種情感化的語言會激發群體的集體情緒，並促使支持者在心理上將川普視為「捍衛者」與「領袖」。同時，這也加強了「我們對抗他們」的對立感，進一步推動了美國選民的政治行為。

◆ 中美貿易戰中的心理結構與動態

中美貿易戰不僅是兩個國家之間的經濟對抗，更是一次深刻的心理賽局。川普透過將貿易問題情感化、敵對化，成功地激發了選民對中國的敵意與對美國利益的保護欲。他在此過程中運用了「零和思維」、「損失厭惡」和「群體對立效應」，將中美貿易問題塑造成一場文化與經濟的全面對抗。這場貿易戰的心理結構，讓川普的選民基礎在情感上得到了鞏固，也讓中國的行為成為了美國集體焦慮的焦點。

第二節　威脅性談判與沉沒成本效應

「談判的關鍵是讓對方知道，這是你唯一的選擇，不是他們的選擇。」

"The key to negotiation is making them know it's your choice, not theirs."

◆ 威脅性談判策略：強硬姿態的心理影響

川普的中美貿易戰策略，以威脅性談判為核心，強調的是對手在談判過程中的「心理壓力」。他的談判方式往往是建立在展示強硬姿態和強烈的底線之上，並透過這些威脅來迫使對方

123

第六章　第一次貿易戰：中美對峙下的心理賽局

讓步。這種策略基於心理學中的「權力不對稱」理論，即在談判中，一方擁有更大的權力或控制時，可以利用這種不對稱的權力來施加壓力，從而迫使對方接受有利條件。

從行為經濟學的角度來看，川普的威脅策略其實是一種精心設計的心理操控。心理學研究顯示，在談判或壓力情境下，威脅性語言容易激發對方的焦慮情緒，導致其做出快速而情緒化的反應。川普運用了這一心理操作，在談判中時常強調「如果不達成協議，後果將不堪設想」，這樣的言辭使得對方處於一種「損失厭惡」的心理狀態，迫使其做出妥協。

◆ 沉沒成本效應：過去投資的心理束縛

沉沒成本效應（sunk cost effect）是指在決策過程中，人們容易受到過去投資（無論是時間、金錢或精力）的影響，從而使得他們難以放棄已經進行的行為或策略。川普在中美貿易戰中的策略正是充分利用了這一心理偏誤，尤其是在中國面臨的局勢中，他不斷提升關稅，並反覆強調美國已經在貿易中「投資」了大量資源，因此他不會輕易讓步。

根據心理學家康納曼與阿摩司・特沃斯基（Amos Tversky）的前景理論，人在面對損失時傾向避免改變現狀，這種「損失趨避」心理常使個體高估過去投入的價值，進而陷入沉沒成本謬誤，難以理性放棄已經不符最佳利益的策略。川普深知此理，他在貿易談判中一再強調過去與中國的貿易不平衡問題，並將

這些問題的「解決」視為自己政治生涯中的一項重大「投資」，這使得川普在談判過程中難以進行妥協，並且持續強化自己的談判底線。

◆ 威脅與沉沒成本的結合：對手的心理困境

川普的談判策略中，威脅性語言與沉沒成本效應的結合，讓對方處於了一個心理困境。當川普強硬地表達「必須達成更好的協議」，他不僅將對方推向了「妥協或失敗」的選擇，還迫使對方承擔更高的心理壓力，這使得對手在談判中往往無法理性地評估自己的選擇，而是更多基於情感上的反應來作出決策。

在這種情境下，對方可能會感覺到自己過去的貿易策略已經投入了大量的「沉沒成本」，因此無法輕易放棄或妥協。這種心理上的困境讓川普在談判中占據了主動權，並且有更多的空間來強化自己提出的條件。對於中國而言，長期的貿易不平衡與過去數十年的經濟策略投入，使得它難以輕易改變談判立場，從而被川普的強硬策略所困住。

◆ 回應的威脅：對談判策略的長期影響

儘管川普的威脅性談判策略在短期內能夠產生一定的效果，但長期來看，它可能會對雙方的合作關係造成破壞。當談判變得過於基於威脅而非互惠合作時，對方的回應往往會是抵制與

對抗。這種過度的威脅性語言可能會讓對方進入防禦狀態,進而使談判進程變得僵化。

心理學指出,當人們感受到威脅時,會自動啟動「心理防禦模式」,像是否認、憤怒、逃避或攻擊,這些行為幫助他們暫時減緩不安、重建安全感。在貿易談判中,這種防禦反應可能會使對方採取更激烈的反制措施,導致雙方陷入無法達成協議的惡性循環。川普的談判風格強烈依賴威脅和壓力,但這樣的策略也可能在長期中傷害雙方的關係,特別是在需要建立互信的領域中。

◆ 威脅性談判與心理操作的雙刃劍

川普的威脅性談判策略,雖然在中美貿易戰的初期產生了強烈的效果,迫使中國在某些領域做出讓步,但這一策略也帶來了潛在的風險。威脅和沉沒成本效應的結合,使得對方難以理性地調整策略,並且將談判變成一場零和賽局。然而,這種過度依賴威脅的方式可能會加劇雙方的對立情緒,並在長期談判中引發更多的矛盾和反彈。

川普的談判風格強調的是對壓力的運用,但也需要了解過度的威脅可能帶來的不穩定後果。在處理複雜的國際關係時,長期的威脅性策略或許會破壞合作的基礎,使得雙方難以達成真正的雙贏局面。

第三節　輿論作為戰場：「中國偷走我們的工作」

「中國偷走了我們的工作，偷走了我們的技術，偷走了我們的一切。」

"China has stolen our jobs, stolen our technology, stolen everything from us."

◆ 輿論塑造與貿易戰

川普的中美貿易戰不僅是兩國領導人之間的賽局，還深刻涉及到輿論戰爭。川普善於利用媒體和社交平臺來塑造自己想要的敘事，他的「中國偷走我們的工作」言論便是這場輿論戰的一部分。這些簡單直接的說法成功激發了美國工人階級的憤怒，並將其情緒轉化為支持川普的政治力量。

從心理學的角度來看，川普透過強烈的語言激發了選民的情感反應，並透過這些情感進行政治操控。根據社會心理學中的「社會認同理論」(Social Identity Theory)，人們的自我認同往往與所屬群體的利益和價值觀密切相關。川普透過不斷強調中國對美國經濟的損害，成功地將美國工人與中國的負面形象連繫在一起，讓支持者將自己視為受害者，並認為川普是為他們捍衛利益的英雄。

第六章　第一次貿易戰：中美對峙下的心理賽局

✦ 「中國偷走我們的工作」：簡化與情感化的語言操作

川普的語言簡單而直接，他強調的並不是複雜的經濟學理論，而是將貿易問題情感化、簡單化。他的「中國偷走我們的工作」這一說法將貿易不平衡問題以一個容易理解的故事呈現給大眾——這個故事將美國工人的困境歸咎於中國，並將中國描繪成偷竊者。

這種語言策略在心理學中屬於「框架效應」（framing effect），即透過選擇性地呈現某些資訊來影響人們的判斷和情感反應。川普將貿易問題的複雜性簡化為「中國偷竊」的問題，這讓選民在情感上產生強烈的反應。根據心理學家康納曼的「前景理論」，人們對損失的反應遠比對獲得的反應強烈。這讓川普的言論更加引人注目，並且加深了對中國貿易行為的憤怒。

✦ 反向效應：對立情緒的激化

川普的輿論戰爭並非僅僅是針對美國選民，他也巧妙地利用中國的反應來進一步強化美國國內的情緒對立。當中國對川普的關稅政策發起反擊時，這一行為無形中證實了川普所謂的「中國挑戰美國」的說法。中國的反應讓川普在其支持者中建立起了「我們對抗他們」的情感對立，而這種對立進一步加劇了川普支持者的忠誠。

第三節　輿論作為戰場：「中國偷走我們的工作」

在心理學中，研究顯示當對抗雙方感受到威脅或挑戰時，可能因恐懼、防衛或報復心理而採取更強硬的立場，導致衝突逐步升級。這種現象被稱為**衝突激化**（conflict escalation），是群體對抗中常見的心理反應。在中美貿易戰中，川普的威脅性語言和中國的反應形成了惡性循環，讓兩國之間的對立情緒不斷升級，並進一步鞏固了川普在美國選民心中的「強硬領袖」形象。

◆ 媒體的角色：放大「中國偷走工作」的情緒

在川普的貿易戰策略中，媒體扮演了重要的角色。川普非常擅長利用媒體的聚焦效應來加強自己的政治敘事。他會定期出現在各大新聞節目上，並透過社交媒體平臺直接向大眾傳達自己的資訊。這些平臺成為他進行輿論戰爭的重要工具，讓他能夠迅速將「中國偷走工作」的說法擴散到全國。

哲學家馬素・麥克魯漢（Marshall McLuhan）的「媒介即訊息」理論指出，媒體本身不僅傳遞內容，還能塑造人們的觀念和行為。川普正是利用媒體這一特點，將簡單、極端的言論轉化為大眾關注的焦點。每當他提到「中國偷走我們的工作」，媒體便會大肆報導，進一步加深了美國大眾對中國的負面情緒，並讓川普的支持者更加堅定自己的政治立場。

第六章　第一次貿易戰：中美對峙下的心理賽局

◆ 輿論戰爭的持久影響：群體動員與政治行為

川普的貿易戰策略表明，輿論戰爭在現代政治中具有強大的影響力。透過將貿易問題情感化和簡化，川普成功地將一個複雜的經濟問題轉化為一場群體間的情感對抗。這種情感化的操作，激發了美國工人階級對中國的強烈憤怒，並將他們轉化為川普的忠實支持者。

「社會認同理論」指出，當群體面臨外部威脅或挑戰時，群體的凝聚力和行動力會得到強化。川普的貿易戰策略成功地將中國塑造成一個「外部威脅」，並將這一威脅內化為美國工人階級的共同敵人。這種情感的激發，為川普的政治行為提供了強大的支持，並推動了他在選民中的高支持率。

◆ 輿論戰爭中的情感操控

川普的中美貿易戰策略，深刻地揭示了輿論在政治中的巨大影響力。他透過簡單的語言和情感化的敘事，成功地將貿易問題轉化為一場群體之間的對立，並利用媒體平臺放大這一情感操作。這種方式不僅讓川普的支持者感到自己站在正義的一方，也讓他在貿易戰中保持了強大的政治動力。儘管這一策略在短期內能夠激發選民的情緒，但長期來看，這樣的情感操控可能會加深社會分裂，並對國際關係產生深遠影響。

第四節　情緒經濟學與政策操控

「經濟不是關於數字，它是關於情感。」
"Economics is not about numbers, it's about emotion."

◆ 情緒經濟學：川普的情感驅動策略

川普的政治和經濟策略，充分展現了「情緒經濟學」的力量。他深知情感在決策中的影響力，並善於利用選民、商業界及國際夥伴的情感反應來達到自己的目的。與傳統經濟學強調理性選擇不同，川普將情感置於政策決策的中心，認為政治與經濟並非純粹的數字遊戲，而是人心與情緒的賽局。

從心理學角度來看，川普的情緒經濟學策略與心理學中的「情感推動」（emotional drivers）密切相關。他懂得如何引發選民的焦慮、憤怒和希望，並以此為基礎進行政策操控。無論是貿易戰、稅收改革，還是移民問題，川普都巧妙地將這些問題情感化，將其與選民的日常生活緊密連繫起來，讓選民不僅基於理性分析支持他的政策，更基於情感需求對他表達支持。

◆ 政策操控與情感運用：貿易戰中的情感動員

川普在貿易戰中的策略，充分展現了他如何利用情感來推動政策。每當貿易談判陷入僵局或遇到阻力時，川普會選擇加大

第六章　第一次貿易戰：中美對峙下的心理賽局

情感化的語言強度，將問題簡化為一場「正義與邪惡的對抗」。他經常強調，中國偷竊美國的工作，並將貿易不平衡問題描述為對美國工人和家庭的「傷害」。

這樣的策略背後是情緒經濟學中的一個核心觀念：當人們的情感被激發時，他們往往會作出非理性的決策。在中美貿易戰的背景下，川普不僅僅依賴經濟數據來支持自己的政策，更利用了選民的「損失厭惡」心理，激發他們對中國的強烈敵意。這使得川普的貿易戰在某種程度上不僅是政策決策，更是一場情感動員。

◆ 情感操控的心理學基礎：對「威脅」的反應

根據心理學家康納曼的「前景理論」，人們對損失的反應遠大於對同等獲得的反應。在貿易戰中，川普把中國的貿易行為描述為一種「損失」，這激發了美國工人對自己的職位和生計的焦慮。當這種情緒化的語言進入輿論場域時，選民的情感便會被迅速放大，進而支持川普的強硬政策。

這種情感操控策略，讓川普能夠利用選民的「損失厭惡」情緒來推動貿易戰。他並不僅僅讓選民看到貿易逆差的數字，而是讓他們感受到自己的「利益」正在被奪走。這樣的情感操控，使得川普在選民中獲得了堅定的支持，並使得貿易戰成為一場捍衛美國利益的文化與政治戰爭。

第四節　情緒經濟學與政策操控

◆ 政策影響的情感反作用：民眾對損失的敏感

儘管川普的情感操控在短期內有效動員了選民，激發了他們對貿易不平衡的憤怒，並推動了政策的實施，但長期來看，這種過度的情感化策略可能會帶來反作用。根據行為經濟學中的「損失敏感性」理論，人們對損失的敏感度會隨著時間的推移而增強，尤其當這些損失變得具體且直接時。這意味著，當川普的政策帶來的經濟損失開始顯現，尤其是對工人階級和消費者的影響愈加明顯時，這些選民的反應可能會轉變為對川普政策的不滿。

例如：隨著關稅提高，許多美國企業和消費者感受到了實際的經濟壓力。對美國農民來說，對中國的關稅反擊導致了他們的產品在中國市場的銷售下降。這些經濟損失逐漸成為選民心中的痛點，川普的情感操控策略也因此面臨挑戰。

◆ 政策中的情感與理性平衡

川普的情緒經濟學策略揭示了情感與理性在政策制定中的微妙平衡。當情感過度主導時，政策可能會變得過於激進，並最終導致不可預見的後果。然而，適度的情感激發又能夠動員群眾，讓他們在理性之外作出支持。因此，如何在情感與理性之間找到平衡，是川普貿易戰策略成功與否的關鍵。

從心理學角度看，川普的政策操控並不僅僅依賴數據和事

實,而是精心設計的情感調動。當這些情感激發起來時,川普便能夠有效地推動政策的實施,並鞏固自己在選民中的支持。儘管如此,過度的情感化語言也可能使政策的可持續性受到挑戰,尤其是在貿易戰的後期,當選民開始面臨實際的經濟損失時。

◆ 情感經濟學的兩面性

川普的情感經濟學策略顯示了情感在現代政治中的強大力量。透過將貿易戰情感化,川普成功地動員了廣大選民,將中美貿易問題轉化為一場文化與政治的對抗。然而,這樣的情感操控也具有其風險,尤其當選民開始面對實際的經濟損失時,情感和理性的失衡可能會對川普的政策帶來挑戰。情感經濟學讓川普能夠快速推動政策,但也可能讓他面臨選民信任的考驗。

第五節　損失厭惡 vs. 成本內化:決策心理模型拆解

「當我們在貿易中失去東西,我就覺得我們應該拿回來。每一分每一秒,貿易都在偷走我們的財富。」

"When we lose something in trade, I think we should take it back. Every minute, every second, trade is stealing our wealth."

第五節　損失厭惡 vs. 成本內化：決策心理模型拆解

◆ 損失厭惡：為何「失去」比「得到」更讓人焦慮

川普在貿易戰中的強硬立場，深刻展現了心理學中的「損失厭惡」(loss aversion) 概念。根據心理學家康納曼和阿摩司・特沃斯基的研究，人們對損失的敏感度遠高於對等量獲得的敏感度。這意味著，當面對經濟損失時，人的情感反應比面對相同數額的獲得時更為強烈。

川普巧妙地運用了這一心理效應，在他對中國的貿易戰爭中，他不僅將貿易逆差描述為「損失」，還強調「中國偷竊」這一情感強烈的說法，使得美國民眾感受到自己國家的經濟利益正被侵害。這種「損失感知」激發了選民對中國的不滿，也讓他們支持川普在貿易問題上的強硬立場，因為人們傾向於為「防止損失」而採取行動，即便這樣做的代價可能更高。

◆ 成本內化：將失敗視為無法避免的結果

在貿易戰的過程中，川普並未單純依賴「損失厭惡」，他同時也運用了「成本內化」(cost internalization) 的策略。根據心理學中的「沉沒成本效應」，當人們投入了大量資源（無論是金錢、時間還是情感）到某個目標上時，他們會很難放棄這個目標，即使這樣的投入已經無法帶來正向回報。

川普在推動貿易戰時，明確表達了美國已經在貿易問題上投入了大量的時間和努力，這讓選民產生了「繼續走下去」的心

第六章　第一次貿易戰：中美對峙下的心理賽局

理壓力。當貿易戰中的損失逐漸顯現時，川普並未因此退縮，反而強調這是「必須付出的代價」。這一策略讓選民將過去的「沉沒成本」視為不可放棄的事物，促使他們支持川普，即便這些政策可能對他們造成了長期的經濟損失。

◆ 自信與決策：從「強勢領導」到「政治自負」

　　川普在推動貿易戰中的策略，還深刻表現了「過度自信效果」（overconfidence effect）在政治決策中的運作。根據行為經濟學的理論，過度自信偏差是指人們往往高估自己對某一情境的理解和控制能力。在川普的貿易戰中，他表現出了極高的自信心，總是強調「我們將會贏」，並且將這場貿易戰視為改變全球經濟秩序的機會。

　　然而，這種過度自信的決策方式也可能帶來風險。心理學家康納曼指出，過度自信的領導者往往忽視外部風險，過度依賴自己的直覺而非理性分析。川普在貿易談判中經常採取強硬態度，將所有問題簡化為「中國的錯」，而忽略了貿易戰所可能帶來的長期負面效應。這一過度自信的決策模式，在某些情況下可能使他忽略了對中美兩國及全球經濟的深遠影響。

第五節　損失厭惡 vs. 成本內化：決策心理模型拆解

◆ 決策心理學中的風險管理：從「零和賽局」到「互惠合作」

川普的貿易戰策略依賴於「零和賽局」的思維模式，這是指在貿易中，一方的利益增加必然來自另一方的損失。這種模式源於他對中國貿易行為的強烈反感，並將其視為美國面臨的最大挑戰。然而，從決策心理學的角度來看，「零和賽局」思維可能會限制長期合作的可能性。

根據心理學中的「風險管理」理論，理性的決策應該考慮到風險與回報的平衡，並尋求可持續的合作關係。儘管川普的強硬策略可能帶來短期的勝利，但在長期合作中，這種零和思維可能無法有效促進合作與雙贏。中國在回應美方政策時，往往選擇反擊，也加劇了兩國間的經濟和政治對立。這樣的情況使得雙方在貿易談判中的風險逐漸增大，甚至可能導致長期的關係惡化。

◆ 決策的心理動力與長期影響

川普的中美貿易戰展現了他如何將心理學理論運用到政治決策中，特別是損失厭惡、沉沒成本效應與過度自信的運用。他的貿易政策中充滿了情感驅動和心理操控，這不僅改變了選民對貿易問題的看法，也讓他在政治上獲得了強大的支持。然而，這些決策背後的心理學偏差，卻可能會帶來長期的不穩定

第六章　第一次貿易戰：中美對峙下的心理賽局

和風險，特別是在合作與信任建設上可能遇到的困難。

川普的貿易戰雖然透過情感和心理操作成功動員了支持者，但這樣的策略同時也揭示了過度自信和零和思維的風險。若未來面臨更多的國際貿易挑戰，如何在情感與理性之間找到平衡，並進行長期可持續的合作，將是川普及其繼任者面對的重大課題。

第七章

疫情與心理防衛：
一場否認的災難

第七章　疫情與心理防衛：一場否認的災難

第一節　起初的輕忽與過度自信

「疫情是一個小事，不需要太擔心，我們將很快控制住它。」
"The virus is just a little thing, no need to worry, we'll have it under control very quickly."

◆ 初期輕忽與決策自信

　　當 COVID-19 疫情首次爆發時，川普的反應是典型的過度自信與輕忽。他早期的表態頻繁強調疫情不過是小事，並且一度對病毒的影響持樂觀態度。這種反應展現了川普在面對危機時的一貫自信態度，這種自信在某些情況下讓他看似無所畏懼，但也在防控危機中加劇了決策上的誤判。

　　從心理學角度來看，這種過度自信的行為可以解釋為「過度自信偏誤」（overconfidence bias），即當個體對某一情況的理解過於樂觀或過分依賴自己的判斷時，可能會低估風險。在川普的案例中，他過度依賴自身的經驗和直覺，認為疫情不會對美國造成重大影響。這種心理機制讓他在最初的疫情爆發中未能及時作出有效的應對，並且將疫情蔓延的風險視為短期問題，最終延誤了應對措施的頒布。

第一節　起初的輕忽與過度自信

◆ 否認與防衛性反應

　　隨著疫情的擴大，川普的輕忽態度逐漸轉化為一種心理防衛反應，即「否認」(denial)。根據心理學家安娜‧佛洛伊德（Anna Freud）的理論，否認是一種常見的防衛機制，當個體面臨威脅或焦慮時，會透過否認事實來減少內心的壓力。在川普的情況下，面對全球疫情的蔓延，他選擇透過輕描淡寫的言論來減少恐懼感，這樣的否認行為使他無法充分認識到疫情的真正危險，並且錯過了及時實施封鎖和其他防控措施的機會。

　　這一心理防衛機制不僅展現在川普的言語中，也影響了他對疫情防控策略的設計。當初他拒絕聽取科學界的警告，強調病毒不會嚴重，並反覆將疫情的問題歸咎於過度反應，這使得美國政府在早期未能有效準備，也給了疫情擴散更多的空間。

◆ 情感偏誤：過度樂觀的決策

　　川普的輕忽與過度自信不僅源自於心理防衛，更與其情感偏誤密切相關。研究表明，當領導者面對壓力或危機時，往往會受到過度樂觀偏誤的影響，這種情感上的過度樂觀讓他們高估了情況的好轉可能性，並低估了風險。川普在疫情初期的語言中不僅未能強調疫情的風險，反而過於依賴「疫情很快就會結束」的語言來安撫民眾和自己。

第七章　疫情與心理防衛：一場否認的災難

這一行為不僅使他未能及時採取防控措施，也使得疫情擴散的速度加快。根據心理學家康納曼的研究，過度樂觀偏誤在危機管理中是非常危險的，因為它可能導致領導者忽視警告信號，並做出錯誤的決策。在川普的情況下，這種情感偏誤使他無法充分理解疫情的危險性，並讓他的政策選擇過度依賴樂觀的假設，而非基於現實的應對。

◆ 影響力與溝通策略：從輕忽到政治防衛

川普的言論策略也反映出他在應對疫情時的防衛性反應。他的言語始終圍繞著強調疫情對經濟和政治的影響，而不是專注於公共健康。他將疫情描述為外部的問題，如將其視為中國的「武漢病毒」，並且將自己對疫情的輕視作為一種「強勢領導」的表現。

這一策略使他在選民中塑造了一種「不畏懼危機」的形象，然而，這樣的行為同時也忽視了科學界和公共健康專家的警告。這反映了他在政治上更多依賴形象和情感動員，而非理性決策和科學依據。川普的心理防衛反應以及他對疫情輕描淡寫的處理方式，最終讓他在防疫過程中處於不利位置，並加劇了選民對政府應對疫情的不滿。

◆ 輕忽與過度自信的政治後果

川普在面對 COVID-19 疫情初期的輕忽與過度自信,深刻展現了心理學中「過度自信偏誤」和「否認」等防衛機制對政治決策的影響。他的言辭不僅沒有警告美國民眾做好準備,反而傳遞出疫情不會嚴重的錯誤信號。這種心理防衛機制使得他未能及時制定有效的應對政策,並延誤了疫情防控的最佳時機。最終,這種輕忽的態度不僅帶來了疫情的快速擴散,也對川普的領導形象和選民信任造成了長期損害。

第二節　資訊選擇性吸收與確認偏誤

「如果你只聽那些說疫情不嚴重的人,那麼你會覺得它根本不值一提。」

"If you only listen to the people saying the virus is not serious, you'll think it's nothing at all."

◆ 資訊選擇性吸收:過濾現實與偏見的循環

川普在處理疫情初期的態度表現了他對資訊選擇性吸收(selective exposure)的運用,這是一種人們偏向於接收與自己已有信念一致的資訊,而忽視與自己觀點相悖的資訊的心理現象。

第七章　疫情與心理防衛：一場否認的災難

川普過度依賴部分媒體和專家提供的樂觀數據與資訊，這些資訊讓他和他的支持者相信疫情的影響被誇大，而沒有對來自其他專家的警告給予足夠的重視。

這一選擇性吸收的行為，符合心理學中的「確認偏誤」(confirmation bias)，即人們會優先選擇那些支持自己信念的資訊，並忽視任何可能威脅自己世界觀的證據。在川普的情況下，他選擇信任一些對疫情持樂觀態度的聲音，而忽略了科學界和醫療專家提出的警告。這種心理偏誤使得川普在疫情初期未能立即採取科學導向的應對措施，從而延誤了疫情的有效控制。

◆ 確認偏誤：鞏固信念的障礙

川普對疫情的處理方式，也暴露了他在政治決策中強烈的確認偏誤。他將疫情視為一個可以操作的問題，而非一個由科學數據和專業知識主導的危機。他偏向相信那些與他已有觀點相符的聲音，例如過度樂觀的經濟評論，這使得他忽視了關於疫情的負面消息與專家的警告。這種行為反映了確認偏誤在領導者決策過程中的強大影響力，這不僅讓川普的防疫政策缺乏應有的科學依據，也讓他的政策與選民對疫情現實的理解存在偏差。

根據心理學家彼得‧華生 (Peter Wason) 的「確認偏誤實驗」，人們在面對有爭議的問題時，會傾向於尋找支持自己立場的資訊，並忽略反駁的資訊。這使得川普在面對來自不同領域的意

見時，選擇性地接受那些與他自己看法一致的建議，從而加劇了疫情初期的危機應對不足。

◆ 「我們選擇性聽到的聲音」：媒體與選民的同溫層

川普利用媒體與其支持者的同溫層效應，成功塑造了疫情的輕忽觀點。在社交媒體和傳統新聞中，川普及其支持者選擇性地吸收那些對疫情描述不那麼嚴重的消息，並對批評疫情危險性的聲音保持距離。例如：他強烈依賴部分保守派媒體，這些媒體往往減少了疫情的威脅，並將其描述為政治對手的過度反應。

心理學中的「同溫層效應」(echo chamber effect) 指出，當人們長期處在相同意見的圈子裡，他們會更難接納來自外部的反對聲音，進而加深了對錯誤資訊的信任。在川普的情況下，這一效應讓他和他的支持者在資訊的選擇上形成了偏見，並最終影響了他對疫情的應對。

◆ 再次確認：以信念為基礎的政治決策

川普的處理方式並非僅僅是資訊選擇性吸收那麼簡單。他將疫情問題定義為一場政治對抗，並將其視為與對手競爭的延伸。在他眼中，疫情既是一個威脅，但同時也是一個可以被政治操作的事件。他的政策和言辭時常依賴於信念而非科學事實，這

第七章　疫情與心理防衛：一場否認的災難

使得川普在面對疫情時的政治決策呈現出與現實脫節的情況。

這與心理學中「基於信念的推理」（belief-based reasoning）密切相關，即人們往往會根據既有信念來解釋或選擇接受資訊。川普在疫情初期的政治決策便展現了這一點，他選擇不去挑戰自己的世界觀，而是根據自己長期以來對政治問題的理解來處理這一新興危機。這種選擇性的資訊過濾，使得他的應對措施失去了對疫情實際威脅的準確判斷。

◆ 確認偏誤與政策失誤

川普對疫情的處理過程深刻揭示了資訊選擇性吸收和確認偏誤在政治領導中的影響。他選擇性地接受支持自己立場的資訊，忽略了來自專業界的警告，這使得他未能對疫情初期的危險性作出準確判斷。這一偏誤在政策層面上表現為未能立即採取科學導向的防控措施，並延誤了疫情的有效應對。最終，這不僅加劇了疫情的蔓延，也影響了民眾對川普應對危機的信任和支持。

第三節　情緒政治學：
　　　　恐懼、轉移與敵人建構

「疫情是敵人，我們必須與它作戰。這是一場戰爭，而我將領導美國取得勝利。」

"The virus is the enemy, and we must fight it. This is a war, and I will lead America to victory."

◆ 恐懼的激發：疫情作為政治武器

　　川普在面對 COVID-19 疫情時，深刻運用了「情緒政治學」（emotional politics）的策略。他將疫情不僅視為一個公共衛生危機，更是一場政治戰爭。在他的領導下，疫情成為了動員選民、塑造形象以及轉移政治焦點的工具。這一策略強調了情感，特別是恐懼的使用，來激發選民對政府反應的支持。

　　在這場疫情中，川普強烈地將病毒塑造成「敵人」，將病毒與國家安全的威脅直接掛鉤。這不僅是利用情感來轉移焦點，也是將疫情視為一個「外部敵人」的典型情感操控。他把疫情描述為一場無形的戰爭，透過恐懼來動員國民支持政府的緊急應對措施。這樣的語言策略讓民眾感到政府是唯一能夠拯救國家的力量，並進一步加強了他作為領袖的形象。

第七章　疫情與心理防衛：一場否認的災難

◆ 轉移焦點：將責任推向他人

在疫情初期，川普同時運用了「轉移焦點」的策略，將疫情的責任推向中國，並強調這一病毒源自於中國的武漢。這一策略使得川普不僅在國內政策中找到了強而有力的支持，也在國際上將中國定位為「敵人」。他對中國的攻擊和對疫情的強烈措辭，將其塑造成全球危機的元凶，從而讓他自己免於面對美國內部疫情管理中的失誤。

從心理學的角度來看，這一策略是一種典型的「責任轉嫁」（blame shifting）。當面臨挑戰或失敗時，領導者往往會將問題的責任轉嫁給外部因素，以減少自身的壓力和批評。川普成功地利用了這一策略，把美國的疫情問題定義為中國的責任，並且強化了反華情緒，進一步調動了支持者的情感反應。

◆ 敵人建構：打造「外部威脅」以鞏固內部支持

敵人建構是情緒政治中的一個核心策略，川普在疫情初期便利用這一策略將中國塑造成「共同敵人」。這樣的操作，不僅激發了國內對外部威脅的反應，還幫助他將國內政治分歧轉化為「我們與他們」的對立。國際文學理論家愛德華・薩依德（Edward Said）提出的「他者化」（Othering）概念，正是描述了這一過程，即透過將某個群體或國家視為異類或敵人，來強化自己群體內部的凝聚力。

第三節　情緒政治學：恐懼、轉移與敵人建構

在川普的語言中，中國不僅是經濟競爭對手，也是文化和政治價值觀的對立面。川普在這場疫情中的敵人建構，不僅是針對中國的，還將任何對疫情應對不利的聲音視為「政治敵人」。這一策略加劇了美國社會的分裂，將反對者視為「內部敵人」，並進一步強化了自己的政治支持。

◆ 恐懼與團結：疫情中的領導力展示

川普在疫情期間，除了利用恐懼來激發選民情感，也利用恐懼來展示領導力。社會心理學與政治心理學研究指出，當群體處於恐懼與危機之中時，成員會更傾向依賴一位強而有力的領袖，以獲得方向感與安全感。川普在這一時期的言辭，強調了他在疫情面前的決策權威，並將自己塑造成「戰爭領袖」，不斷提醒民眾他是唯一能夠帶領國家度過困境的人。

這樣的情感動員使得川普能夠保持一部分選民的支持，尤其是那些對疫情帶來的恐懼感到焦慮的群體。儘管川普的管理方式和語言在實際應對疫情中有所爭議，但他透過強化自己作為領袖的形象，將疫情當作了自己政治生涯的一個加分項。

◆ 情緒政治學的雙刃劍

川普的疫情應對策略展示了情緒政治學的強大力量。他透過恐懼、轉移責任和敵人建構等策略，成功激發了國內情感並

第七章　疫情與心理防衛：一場否認的災難

動員了選民支持。然而，這樣的策略也帶來了許多政治和社會上的挑戰。恐懼的操控可能讓選民更依賴強勢領導，但過度依賴情感操控的策略也可能加深社會分裂，讓政府的政策執行面臨更大的困難。川普在這場疫情中的情緒政治學，最終揭示了情感與理性之間微妙的平衡，並對未來的領導力和政策執行帶來深遠影響。

第四節　疫情下的選舉策略與情感動員

「在這場大選中，選民選擇的不僅僅是總統，他們選擇的是美國的未來，是一場生死攸關的戰爭。」

"In this election, voters aren't just choosing a president, they're choosing the future of America, it's a fight for survival."

◆ 疫情與選舉：情感動員的核心

2020 年美國大選中，疫情成為了川普選舉策略中的核心元素之一。儘管疫情帶來了巨大的公共衛生危機，川普的選舉團隊卻成功將這場災難轉化為情感動員的機會。選舉策略不再僅僅是關於經濟或政策的辯論，更是關於民眾情感的激發，尤其是對恐懼的操控。

第四節　疫情下的選舉策略與情感動員

在疫情的影響下，選舉不僅僅是一場民主過程，它成了決定國家未來的「生死攸關」戰爭。川普的語言策略深刻運用了情感政治學，他強調選民必須選擇「勝利」與「失敗」，選擇「美國優先」的政策，這讓選民感到這是一場關乎國家命運的選擇。他利用疫情的恐懼感，將選民的注意力集中在「我們面臨的威脅」上，並將他自己塑造成唯一能夠保護美國免受威脅的領袖。

◆ 恐懼與凝聚力：危機中的群體動員

社會心理學研究指出，當群體面臨外部威脅或重大危機時，成員之間的凝聚力往往會提升，並更傾向依附於一位強勢領袖，以獲得安全感與方向感。這種現象可從群體動力學與社會認同理論中得到解釋。川普成功地利用了這一理論，他將疫情視為一場關乎美國命運的全球戰爭，並將自己定位為應對這場危機的最佳選擇。這不僅讓他的支持者感受到「與敵人對抗」的凝聚力，也激發了他們的選舉投票行為。

儘管疫情的爆發原本對美國經濟和民生構成了嚴重挑戰，但川普的選舉策略將這一挑戰轉化為民眾對其領導能力的依賴。他強調只有自己能夠在這場危機中給予美國人民信心，這使得不少選民在恐懼中選擇依賴他，並且強化了他在選舉中的優勢。

第七章　疫情與心理防衛：一場否認的災難

✦ 疫情與選舉語言：從危機中汲取力量

川普在選舉期間的言語中，頻繁使用了「戰爭」與「威脅」等強烈的語言，將疫情的災難性影響與美國的未來命運緊密相聯。他經常將疫情描述為來自「外部敵人」的威脅，並將所有問題歸咎於中國的責任，從而將選民的注意力引導到外部威脅的對抗上。

這一策略表現出「危機語言」的威力，這是一種透過極端言辭來激發情感反應的手段。川普利用這種語言讓選民感到自己所面臨的不僅是公共健康危機，還是對美國價值和未來的全面威脅。這不僅將選舉塑造成了選擇「生死存亡」的抉擇，還讓川普的選民在情感上產生強烈的投票動力，認為選擇川普是對抗外來威脅的唯一方法。

✦ 政治化疫情：情感動員的雙刃劍

儘管川普的選舉策略成功動員了一部分選民，但過度政治化疫情的做法同時也引發了批評。川普的選舉策略並未專注於疫情防控的科學性與有效性，而是更多地將其視為一場選舉動員工具，這一做法使得疫情的防控措施未能全面執行，反而加劇了民眾的不信任。

根據社會心理學家亨利・泰菲爾（Henri Tajfel）與約翰・查爾斯・特納（John Charles Turner）提出的「社會認同理論」，當領

第五節　「我知道很多人死了，但⋯⋯」的語言心理結構

袖的行為與群體價值觀不一致時，會破壞其作為群體代表的正當性，進而削弱成員對領袖的信任與認同。在疫情中，川普的言辭與行為常常不符，這導致了選民對政府應對危機的信任下降。儘管川普透過強烈的情感動員獲得了一部分選民的支持，但他也因此讓更多的選民感到不安，進而對其領導能力產生疑問。

◆ 情感動員的策略與其後果

川普在疫情下的選舉策略表現出情感動員的強大力量。他利用疫情的恐懼感來激發選民的情緒，並成功將選舉塑造成一場生死存亡的政治選擇。然而，這樣的策略同時也加深了社會的分裂，並使得疫情的防控成為政治鬥爭的一部分。最終，這種過度情感化的政治操作，可能在短期內帶來政治優勢，但在長期內卻對民眾信任和公共衛生政策執行帶來了挑戰。

第五節　「我知道很多人死了，但⋯⋯」的語言心理結構

「我知道很多人死了，但我們不能讓恐懼支配我們的生活。」
"I know a lot of people have died, but we can't let fear control our lives."

第七章　疫情與心理防衛：一場否認的災難

◆ 言語中的否認與防衛機制

川普在疫情期間的言論中，多次表達了「雖然死亡人數上升，但我們不能讓恐懼主導我們的生活」的觀點。這句話不僅暴露出他對疫情的處理方式，還反映了他在面對巨大公共衛生危機時所採取的心理防衛反應。在心理學中，這種語言策略可以被理解為一種「否認」（denial）的防衛機制。

川普的這句話表面上是在強調民眾不應被恐懼所控制，但深層次卻是對疫情危機的輕描淡寫。這一心理防衛反應讓川普避免了面對疫情可能帶來的嚴重後果，他試圖將疫情的災難性影響從選民的情感中剔除，以減少政治上的壓力。然而，這種語言的背後，卻反映了他對現實的迴避與否認，並將自己與疫情的責任從情感層面隔離開來。

◆ 語言中的「合理化」與責任轉嫁

川普的言論中常常伴隨著一種「合理化」（rationalization）的語言策略。當他談到疫情的死亡人數時，他試圖將這些死亡的負面情緒轉化為對政策的辯護。這種行為是一種常見的心理防衛機制，在個體無法正視或承擔某些後果時，他們會透過改變現實的解釋來使其變得更為「可接受」。

川普在這裡所做的合理化，是將死亡數字與防疫措施的效果相對化，並將責任推向「外部因素」，如中國的疫情源頭或是

第五節　「我知道很多人死了，但……」的語言心理結構

其他國家的錯誤應對。他的語言策略試圖讓民眾忽視政府應對疫情的不足，將問題歸咎於外部敵人或無法控制的情況，這樣他自己在疫情中的責任感就會減輕。

根據心理學家佛洛姆的研究，合理化是一種典型的防衛機制，旨在消除內心的不安和焦慮。當面對無法控制的情況時，領導者往往會選擇這種方式來維護自身形象並減少對外界批評的承擔。在川普的情況下，他用「恐懼不應該主導我們的生活」來為自己未能有效防控疫情的行為辯解，這使得他自己免於面對政策失誤的責任。

◆ 恐懼管理：從「我不怕」到「我們要繼續前進」

川普的語言也透露出他對恐懼管理的操控。他將自己的強硬立場和「不怕」的姿態作為領導魅力的一部分，強調美國不應因疫情而停滯不前。他的語言中暗含著一種「心理韌性」（emotional toughness）的概念，讓選民認為只有在強勢領導下才能走出疫情的困境。

這種對恐懼的管理，雖然成功地激發了部分選民的支持，但也加劇了國內的情感分歧。根據政治顧問大衛・格根（David R. Gergen）的觀察，領導者在面對社會危機時，對恐懼的處理方式會直接影響群體的情感走向。川普的語言強調不畏懼，對抗疫情的決心表現得淋漓盡致，但這也導致了部分選民對疫情的忽視或輕視，尤其在防疫措施的執行上出現了差異化反應。

第七章　疫情與心理防衛：一場否認的災難

✦ 情感操控的雙刃劍：反感與支持的交織

　　川普的語言策略不僅是對疫情的否認，也是一種情感操控的過程。他利用語言來激發民眾的情感，塑造一種「我們共同面對挑戰」的集體情感。在短期內，這樣的情感動員有效激發了部分選民的支持，尤其是那些對疫情充滿焦慮的群體。然而，這樣的策略也加劇了對政府防疫不力的反感，並在長期內導致了對政府處置危機能力的質疑。

　　心理學中的「情感勞動」（emotional labor）概念揭示了領導者在面對危機時，如何透過情感控制來影響群體行為。川普的言語在疫情中的情感操控，使得他在一定程度上贏得了選民的支持，但也帶來了更多的分歧，尤其是當疫情影響的真實情況逐漸顯現時，這種情感操控的效果便大打折扣。

✦ 語言的心理結構與領導挑戰

　　川普在疫情中的語言策略展示了情感與防衛機制在政治領導中的強大影響。他的言語既是對疫情的否認，也是對恐懼的操控。透過合理化與責任轉嫁，他在某些選民中成功地激發了支持，並減輕了政府失誤的責任。然而，這樣的語言策略同時也加劇了社會分歧，並對他在疫情中的領導力造成了長期挑戰。最終，川普的語言心理結構揭示了領導者在危機中的情感操控與策略選擇，並提醒我們情感動員的力量以及其長期影響。

第八章

權力的陰影：
2020年選舉與後真相風暴

第八章　權力的陰影：2020年選舉與後真相風暴

第一節　假新聞的真影響：真實建構心理學

「假新聞是我們最大的敵人，這些媒體根本不報導真相，只是想破壞我。」

"Fake news is our biggest enemy, these media are just trying to destroy me by not reporting the truth."

◆ 假新聞與真實建構

2020年美國總統選舉期間，川普對「假新聞」的猛烈批評，成為其選舉策略中的核心元素之一。在這一時期，川普成功地將媒體報導的偏見與假新聞問題塑造成一個危及國家根本的問題，並利用這一情況來鞏固自己支持者的情感。社會心理學家喬治‧賀伯特‧米德在其象徵互動論中指出，人的自我與社會現實並非天生固定，而是在社會互動與語言溝通中逐步建構而成。這一觀點也為後來的「社會建構理論」奠定了基礎。川普透過不斷地對媒體報導提出質疑，創造了一種「雙重真實」的情境──即他所描述的世界與媒體報導的世界之間的巨大鴻溝。

假新聞問題並非僅僅是關於不實報導的問題，更是有關如何構建「真實」的問題。川普的語言策略將真實與虛假相混淆，並巧妙地利用媒體的角色來強化自己的政治形象。他將「假新

聞」與「敵人」的概念結合在一起，強化了「我們對抗他們」的情感對立，並成功地動員了選民支持。

◆ 認知偏誤：選擇性接受與現實扭曲

川普的假新聞言論反映了他在選舉過程中利用認知偏誤（cognitive bias）來鞏固支持者的策略。選民往往會選擇性地接受那些符合自己既有觀點的資訊，並忽視或否認相反的觀點。這一現象可以用心理學中的「確認偏誤」來解釋，即人們會尋找和接受支持自己信念的資訊，而排斥或忽視反駁資訊。

這一偏誤在川普的選舉策略中得到了充分利用，他不僅強調自己在媒體中的不公正待遇，還將自己描述為唯一能夠揭露真相的人。這種語言策略加強了支持者對川普的信任，使他們在選舉過程中對「真實」的理解逐漸與川普的言辭相一致。最終，這樣的策略促使選民忽視或反駁任何對川普不利的資訊，從而加深了「我們的真實」與「他們的假象」之間的對立。

◆ 假新聞的情感操作：恐懼與不信任的激化

川普利用「假新聞」的問題，成功激發了選民對媒體的不信任，並進一步強化了他在支持者中的領袖形象。他將媒體描繪成對立勢力的一部分，並聲稱只有他能夠揭示真相，這樣的策略強化了選民對川普的情感連繫，使他們感到他是唯一能夠捍衛

第八章　權力的陰影：2020年選舉與後真相風暴

真相的領袖。

根據心理學家愛德華・柏奈斯（Edward Bernays）的「公共關係理論」，領袖可以透過情感操控來塑造選民的態度和行為。在川普的情況下，媒體的報導成為了情感操控的工具，川普利用選民對媒體的不信任，將他自己塑造成「真相的代言人」，從而鞏固了他在選民中的支持。

◆ 真假之間的邊界模糊

川普所提出的「假新聞」問題，並非僅僅是針對特定的報導，而是一場針對「真實」和「虛假」的戰爭。這一過程中的心理學現象，即「真實建構」的邊界模糊，展現在川普對媒體的挑戰中。媒體報導的事實和川普所構建的「真實」之間，經常呈現出對立的關係，選民無論在支持還是反對川普時，都會根據自己的情感和價值觀來接受或排斥這些資訊。

心理學中的「雙重標準效應」指出，人們在面對相同情況時，會根據自己對立的立場做出不同的解釋。川普的選民常常接受他對事實的詮釋，而將主流媒體的報導視為歪曲或捏造，這種認知扭曲不僅加深了選民的政治分歧，也使得政治對立更加加劇。

第二節　被偷走的勝利？受害者心理的操作

◆ 假新聞與真實建構的心理影響

　　川普在選舉期間強調假新聞問題，展示了他如何利用媒體和情感操控來塑造自己的政治真實。他的語言策略使得「真實」和「假象」之間的界線變得模糊，並在選民中加劇了對立情緒。這一策略不僅讓選民在情感上認同他，也讓他在選舉中獲得了強大的支持。然而，這種對真實的操控和對媒體的攻擊，也加深了社會的分裂，並讓政治環境變得更加極化。

第二節　被偷走的勝利？受害者心理的操作

　　「這場選舉被竊取了。這不僅是對我而言，這是對每一位美國人的背叛。」

"This election was stolen. It's not just against me, it's a betrayal of every American."

◆ 受害者心態的激發：選舉結果的挑戰

　　2020 年選舉後，川普強烈宣稱選舉結果遭到竄改，並將自己塑造成被「偷走勝利」的受害者。這一言論策略觸發了「受害者心理」（victim mentality）的強烈情感反應，並使他的支持者感到自己所面對的選舉結果是非法且不公正的。社會心理學研究指

第八章　權力的陰影：2020年選舉與後真相風暴

出，當個體或群體被賦予「受害者」的身分時，往往會出現對外界威脅的放大反應，並伴隨強烈的不安與焦慮感。這種心理歷程有助於強化群體內部的凝聚力，但也可能導致對立加劇與情感動員。

川普透過強調「選舉被竊取」的語言，成功將這場選舉的結果轉化為一場關於正義與不公的對抗，並讓選民產生強烈的受害者情感。這不僅是對他個人的指控，也是對整個美國選舉系統的挑戰。川普的言論讓選民感到他們的投票權被侵犯，這使得他們更加情感化地支持川普，並對選舉結果產生深深的不信任。

◆ 受害者心理與集體行動：從信任到憤怒

受害者心理的建立不僅限於個體，還能夠激發集體行動。在選舉後的數月裡，川普成功將這種心理狀態轉化為集體運動，讓選民將自己視為整體政治體系的受害者。這一策略深深依賴於「集體情感」的動員，當選民認為自己是被「剝奪」或「出賣」的群體時，他們會更願意投入到抗爭中。

心理學研究指出，當群體成員共同認知到不公義時，若同時具備強烈的群體認同與行動效能感，他們更可能發起集體行動以爭取改變。這一觀點在社會認同理論與集體行動心理學中有廣泛討論。川普巧妙地利用了這一心理機制，將「選舉舞弊」的概念加以擴大，並使選民在情感上與自己站在同一陣線。這

第二節　被偷走的勝利？受害者心理的操作

使得川普的支持者不僅僅是為了支持他而選擇抗爭，更是基於對「被剝奪的權力」和「不公正」的強烈情感驅動。

◆ 操控情感的策略：敵人是誰？

川普的「選舉被竊取」言論成功塑造了「敵我對立」的框架。在這一框架中，民主黨、選舉機構、以及反對川普的媒體成為了「敵人」，而川普和他的支持者則自視為捍衛美國未來和選舉正義的「受害者」和「英雄」。這一情感操作利用了選民的憤怒和恐懼，使他們將選舉結果的不滿轉化為對外部敵人的攻擊。

在心理學中，這種操作展現了「對立群體效應」（ingroup-outgroup effect）。當群體被區分為「我們」和「他們」時，成員往往會強化對自己群體的認同，並對對立群體產生敵對情緒。川普運用這一效應，把民主黨與「選舉舞弊」畫上等號，讓他的支持者感到自己與「敵人」之間有著不可調和的對立，這種情感化的框架讓選民更加堅定地支持他，並抵抗其他政治力量。

◆ 受害者心理與選舉策略：重建對抗性群體

川普的選舉策略巧妙地運用了受害者心理來重建選民群體的對抗性。選舉後，川普並未讓支持者接受結果，相反，他不斷強調「選舉被竊取」，並藉此重塑群體的內部身分。這種策略不僅是對政治過程的挑戰，更是一場群體身分的重塑。他不僅將

第八章　權力的陰影：2020 年選舉與後真相風暴

自己視為受害者，也使得支持者將自己的處境視為被剝奪的權力的象徵。

心理學中的「集體記憶」（collective memory）理論指出，當群體經歷重大事件或危機時，這些事件會被集體記憶化，並且對群體的行為產生深遠影響。在川普的選舉策略中，他成功地將選舉結果的爭議建構為一個將來會被歷史記住的重大事件，並且將自己塑造成捍衛選舉正義的唯一領袖。這使得他的支持者在心理上更加強化對他及其觀點的忠誠，並激發了集體行動的動力。

◆ 受害者心理的選舉效應

川普的選舉策略在強化受害者心理的同時，也成功動員了大量選民。他將選舉結果的爭議框架化為對「不公」和「剝奪」的反應，並利用這一情感策略來推動選舉抗議和選民支持。這一策略讓選民將自己視為選舉過程中的受害者，並且強化了對川普的忠誠和對他敵人的敵視。然而，這種情感操作雖然短期內能夠動員群體，但長期來看，它也加劇了政治分裂和社會不信任，並讓整體民主過程的信任度進一步下降。

第三節　群體極化與陰謀論的溫床

「他們總是找不出證據,但那不代表沒有陰謀。事實上,我們正面對的就是這樣的陰謀。」

"They always say they can't find the evidence, but that doesn't mean there's no conspiracy. In fact, that's exactly what we're dealing with."

◆ 群體極化的現象:從信念到極端行為

2020 年選舉期間,群體極化(group polarization)現象在川普的支持者中得到了充分展示。群體極化指的是當人們與有相似觀點的人聚集時,他們的觀點往往變得更加極端。川普的選舉言論和反對媒體的攻擊,促使了支持者在對「假新聞」和「選舉舞弊」等問題的看法上變得更加極端。

心理學家大衛・邁爾斯(David Myers)的研究顯示,當人們在群體中討論一個議題時,他們的觀點會向著更極端的方向發展,這種情況稱為「極化效應」(polarization effect)。川普利用這一現象,透過在集會和社交媒體上強化對手是「邪惡勢力」的觀點,讓支持者的情緒和立場變得更加極端。這使得他們不僅支持川普,還極力否定任何來自主流媒體或反對黨的觀點。

第八章　權力的陰影：2020 年選舉與後真相風暴

◆ 陰謀論的溫床：從質疑到擁抱極端

在川普的選舉策略中，陰謀論成為了重要的一環。他不斷宣稱選舉結果是被操控的，並且推廣「選舉舞弊」的陰謀論，這使得支持者開始相信存在一場「隱藏的陰謀」，這些陰謀由各種政治和媒體力量共同策劃。這一言論策略，進一步加劇了選民對現有政治體系的不信任，並促使他們接受一些沒有證據支持的極端說法。

根據心理學中的「陰謀論心理學」（conspiracy theory psychology），陰謀論往往在群體極化的背景下得以迅速擴散。當一群人共同支持一個領袖，並且該領袖提出不確定且極端的說法時，這些說法便會在群體中迅速傳播，並加深他們對外部世界的恐懼與不信任。川普的陰謀論推動了這種情緒，他的支持者因為對川普言論的信任，而進一步相信選舉被竊取的故事。

◆ 「我們的敵人是誰？」：創造共同的敵人

在川普的政治語言中，敵人的形象非常清晰且具象化。媒體、民主黨、甚至整個政治體系都被視為與「真相」對立的力量。川普巧妙地利用「陰謀論」來讓他的支持者對抗他所創造的「敵人」，這使得他的支持者更加凝聚，並對任何反對川普的聲音進行排斥。

這種策略在心理學中被稱為「敵人建構」，即透過強化群體的共同敵人來鞏固內部的凝聚力。在川普的語言中，「假新聞」

成為了攻擊的對象,而支持者則被描繪成真相的捍衛者。這樣的情感操控,使得他的支持者將所有的爭議和反對聲音視為「敵對力量」,進一步強化了對川普及其信念的忠誠。

◆ 群體極化與社會分裂:政治語言的危險

川普的語言策略加劇了美國社會的分裂,使得政治立場變得更加對立。選民不僅在支持川普或反對川普之間劃清了界線,還將所有與自己立場不同的群體視為威脅。這種極端化的情緒,使得原本的政治討論變得充滿敵意,並讓社會的公共空間變得更加狹隘和難以溝通。

根據社會心理學家庫爾特・勒溫的「團體動力學理論」,群體間的敵對情緒會加劇兩個群體之間的衝突,並且使得溝通和合作變得更加困難。川普的語言正是利用這一理論,透過創造「我們與他們」的對立,讓他的支持者在心理上認為自己站在「正義的一方」,而將反對者視為不可信的「邪惡力量」。

◆ 群體極化與陰謀論的雙向影響

川普的選舉策略在加劇群體極化和推廣陰謀論方面發揮了關鍵作用。他透過語言操作使選民的觀點更加極端,並成功地將陰謀論植入支持者的思想中。這不僅加深了選民對政治體系的不信任,還強化了他在支持者心中的領袖形象。然而,這樣

第八章　權力的陰影：2020 年選舉與後真相風暴

的策略也對美國社會帶來了深遠的負面影響，增加了社會的分裂和政治對立，並削弱了公共討論的理性基礎。

第四節　認知失調如何維繫信仰體系

「即使所有的證據都指向一個方向，我們依然相信我們的信念。」
"Even when all the evidence points in one direction, we still believe in our beliefs."

◆ 認知失調與政治信仰

認知失調理論（Cognitive Dissonance Theory），由心理學家費斯廷格提出，指出當個體面對兩個或更多的相互矛盾的信念、態度或行為時，會感到內心的不安，並且會試圖透過改變其中一個信念來減少這種不安。川普的選舉策略充分利用了這一心理學理論，尤其是在後真相時代，支持者的信念與事實之間的矛盾，如何被轉化為維持信仰的動力。

在選舉結果引發爭議後，川普的支持者面臨一個明顯的認知失調問題——選舉結果顯示拜登勝選，而川普則堅持認為選舉被竊取。儘管大多數證據並不支持他的說法，支持者仍然選擇相信這一觀點，這正是認知失調的展現。當人們的信仰與現

第四節　認知失調如何維繫信仰體系

實不符時，他們往往會選擇迴避或扭曲現實，從而避免內心的不安和焦慮。

◆ 信仰與證據：如何維持認知一致性

川普的支持者在選舉後仍然堅持自己的信念，並對所有不符合這一信念的資訊進行牴觸或忽視。這一行為符合「認知一致性」（cognitive consistency）的需求，這種需求讓人們傾向於保持自己世界觀的一致性。根據認知失調理論，為了避免心理不適，川普的支持者會選擇性地接受那些與他們已有信仰相符的資訊，並將反對意見視為錯誤或有偏見。

例如：儘管多個法院判定選舉結果合法，川普的支持者仍然不斷聽取和傳播選舉舞弊的陰謀論，這些陰謀論與他們的信仰高度一致，讓他們的世界觀得以維持。這種認知過程使得他們對川普的忠誠不受事實挑戰的影響，並將所有挑戰視為「不公平的攻擊」，從而減少內心的衝突。

◆ 改變信念的代價：為何選擇不放棄

認知失調理論中一個重要的觀點是，當人們面對強烈的信念衝突時，改變信念往往比保持不變的信念所帶來的心理負擔要大。川普的支持者，如果要放棄對他選舉被竊取的信仰，就需要面對自我認知的重大改變，這對許多人來說是一個巨大的

169

第八章　權力的陰影：2020年選舉與後真相風暴

心理挑戰。相反，維持對川普信念的一致性，無論證據如何，能夠幫助他們維持心理的穩定性。

這一過程展示了「信仰維護」的心理機制──當人們選擇堅持自己的信念時，他們往往會進一步迴避或忽視挑戰這些信念的證據，並尋找支持這些信念的證據。這不僅是對現實的曲解，也是對自我身分的保護。

◆ 政治信仰與群體歸屬：從認知到情感的結合

認知失調不僅僅影響個體的信仰，也會加強群體的情感歸屬。對川普的支持，對許多人而言，已經不僅僅是政治立場的表達，更是一種情感上的身分認同。在選舉過後，川普的支持者不僅在理性上維持自己的信仰，還在情感上依賴這一信仰來維繫自我價值和群體歸屬。

心理學家亨利・泰菲爾的「社會認同理論」指出，群體的身分感和對群體的歸屬感是強大的情感動力。川普的支持者將自己視為「真相的捍衛者」，而這一身分讓他們在情感上更堅定地維持對川普的信仰。對這些支持者來說，放棄對川普的信任意味著放棄自己的群體身分，這是情感上難以承受的代價。

◆ 認知失調與選民行為的深層機制

川普選舉後的支持者行為深刻展現了認知失調理論的應用。在選舉舞弊的爭議中，川普的支持者面對證據與信念的矛盾，選擇了維持自我信念的心理穩定，而非接受與其信念相悖的現實。這一過程讓川普的支持者不僅在理性上拒絕改變，也在情感上強化了他們與川普之間的情感連繫。認知失調的維持，使得他們在面對現實挑戰時仍能維持心理的一致性，並進一步鞏固了川普的政治基地。

第五節　從群眾運動到國會暴動：情緒失控的政治版圖

「我們不會讓這次選舉被竊取！讓我們一起去國會，讓他們看看我們的決心！」

"We won't let this election be stolen! Let's go to the Capitol and show them our resolve!"

◆ 從選舉爭議到群眾運動

2020 年美國總統選舉後，川普及其支持者的行為顯示了情緒化動員在現代政治中的力量。川普不僅繼續宣稱選舉舞弊，

第八章　權力的陰影：2020年選舉與後真相風暴

還成功地將這一爭議轉化為群眾運動的核心驅動力。特別是在 2021 年 1 月 6 日的國會山莊騷亂中，川普的言語和行為促使大量支持者走向國會，試圖推翻選舉結果。

這場衝突揭示了情緒動員對群體行為的強大影響。在這一情境中，川普透過煽動性語言和強烈的情感訴求，激發了選民的憤怒、焦慮和不滿。他的言辭使得選民感到自己不僅在政治上被剝奪了權力，還被社會和政治體系所忽視。這些情感將原本單純的政治爭議轉化為激烈的情感對抗，並推動了群眾走上街頭，展現出強烈的抗議行為。

◆ 群體行為與情緒擴散：從支持到暴力

心理學家古斯塔夫・勒龐（Gustave Le Bon）在《群眾心理學》中指出，群體行為往往具有極端化特徵，當群體中情感極度高漲時，個體的行為會受到群體情緒的影響，進而表現出更加激烈的行為。川普的選民在聽到他所傳遞的情感強烈的訊息後，開始展現出激進的行為，從支持走上國會大廈的抗議者，到最終進行暴力衝突的群體，情緒的擴散讓他們的行為迅速升級。

這種情緒擴散的現象在心理學中被稱為「情緒傳染」（emotional contagion），即情感在群體中像病毒一樣傳播，激發他人做出相同的情緒反應。在 1 月 6 日的國會襲擊中，川普的言辭無疑加劇了這一過程，他不僅讓支持者感到自己的行為是正義

第五節　從群眾運動到國會暴動：情緒失控的政治版圖

的，而且激發了他們對抗「敵人」的強烈情感，使得群體的行為變得愈加極端。

◆ 受害者心理與政治暴力

正如前文所述，川普利用選舉舞弊的陰謀論成功地激發了支持者的受害者心理。這一心理學現象使得選民將自己視為被剝奪權力的群體，並認為自己有權力反擊。當群體感到自己受到壓迫或不公對待時，他們更容易選擇以暴力手段進行抗議。川普的語言將選舉爭議塑造成「我們的權力被竊取」的訴求，這使得支持者在情感上更加認同其行動，並願意走向更極端的行為。

在這樣的情況下，受害者心理與群體動員的結合，讓暴力衝突成為可能。選民不再是單純的政治參與者，而是將自己視為在「正義之戰」中的戰士，將所有反對他們信仰的行為視為對他們「存在權利」的挑戰。這種情感的激化，使得國會襲擊事件不僅僅是對選舉結果的不滿表達，它變成了一場情感爆發的暴力行為。

◆ 從抗議到暴力：政治動員的危險

當群體情感得不到適當管理時，它可能迅速升級為暴力。川普的選舉舞弊言論，尤其是他在國會襲擊前夕的煽動性發言，無疑加劇了群體的情緒高漲，使得這些情緒轉化為行動。心理

第八章　權力的陰影：2020年選舉與後真相風暴

學中「去個人化理論」（deindividuation）指出，當個體處於群體中時，會失去自我控制的感覺，從而表現出更加極端和不理性的行為。1月6日的事件中，許多參與者在群體的驅動下，做出了平時不會做出的暴力行為。

去個性化的現象使得群體暴力行為變得更難以控制，這不僅反映了情感動員的力量，也揭示了群體情緒如何在政治過程中發揮作用。川普的語言策略，透過激發這些情感，促使部分選民將他視為唯一能夠引領他們反擊的不公力量，並最終將這些情感轉化為實際行動。

◆ 情緒失控與政治暴力的後果

川普的選舉爭議和1月6日國會襲擊事件，展示了情緒動員在現代政治中的巨大影響力。他成功地將政治爭議轉化為情感抗爭，並透過強烈的語言激發支持者的情緒，使群體行為走向極端。然而，這樣的情感動員也帶來了嚴重的社會後果，暴力衝突加劇了國內的政治分裂，並讓民主過程遭受了前所未有的挑戰。川普的語言策略不僅改變了選舉的政治格局，也讓美國社會進一步陷入了情感對抗與不信任的泥潭。

第九章

我回來了：
川普 2024 的心理布局

第九章　我回來了：川普 2024 的心理布局

第一節　第三次競選的心理學動力

「我從未離開過，我只是為了更強大的回歸做準備。」
"I never left, I've just been preparing for a stronger comeback."

◆ 川普的政治復出：重新點燃支持者的情感動力

　　川普在宣布再次參選美國總統後，無疑將自己的第三次競選視為一場決定性的戰爭，這一選舉的心理學動力正是在於如何重新激發選民的情感支持。這不僅是一次簡單的政治選舉，而是一場情感與身分的再構建，川普需要利用過去的支持基礎，並進一步強化這些選民的情感動員，使他們再次成為他強而有力的支持力量。

　　領袖之所以能凝聚群眾，不只是因為政策，而是因為他能喚起情感。當人們被激發起強烈的情緒，他們就更容易站出來行動，這就是「情緒動員」的心理力量。川普深知，2024 年的選舉對他來說不僅僅是爭取選票的過程，更是重新激發他支持者內心的信念與情感，並讓他們在即將到來的選舉中作出選擇。他將再次成為「美國的救世主」，並透過這種情感上的連繫，與選民形成新的政治連結。

第一節　第三次競選的心理學動力

◆ 情感動員的核心：集體記憶與政治符號

　　川普的第三次競選，與其說是基於具體政策的選擇，更不如說是一場情感記憶的延續。他的競選不僅僅是關於「再度偉大」的口號，而是將「讓美國偉大」的歷史使命重新定義。選民對他的支持不僅僅建立在過去的政策成功上，更深層次的是基於「集體記憶」（collective memory）的塑造。

　　集體記憶是社會心理學中的一個重要概念，指的是群體如何透過共同經歷來形成對過去的集體理解。川普的支持者，尤其是中年和老年選民，將川普視為過去「美國輝煌時代」的代言人，這一信仰與情感連結成為了他競選活動的核心驅動力。他所代表的「美國優先」政策成為了選民心中政治正義和強大國家的象徵，這不僅是一個政策論述，更是一個情感符號。

◆ 競選策略中的心理學布局

　　川普第三次競選的心理布局在於如何對選民的情感進行精確操作，並讓這些操作符合其過去的政治形象。這一過程中，情感動員與心理戰術相輔相成。川普的競選策略將不再僅僅依賴於具體的政策議題，而是更多地關注如何重新塑造「美國的價值」與「夢想」，讓選民感受到他所代表的價值觀是這個國家未來的核心。

　　心理學家西奧迪尼提出的「權威影響力」理論指出，人們

177

第九章　我回來了：川普 2024 的心理布局

會更加傾向於聽從那些他們認為具有權威和專業能力的人。在 2024 年競選中，川普的政治權威來自於他過去的總統經驗，他將利用這一權威，來進一步激發選民的情感和支持，將自己的競選活動塑造為一場「歷史的回歸」，而非一場簡單的選舉競爭。

◆ 重拾身分認同：過去與未來的交織

川普的競選活動中，對於「過去的美國」與「未來的美國」的連結是至關重要的。他將自己塑造成那位曾經讓美國再次偉大的總統，並承諾再次重振美國的繁榮與強大。選民對川普的情感支持，很大程度上來自於對「過去輝煌時代」的懷念，而川普正是這一懷念的象徵。

這一過程反映了心理學中的「身分認同」理論，人們會傾向於支持那些能夠代表他們的文化價值、社會身分和情感需求的領袖。對於川普的選民來說，他不僅是一位政治人物，更是美國復興的象徵，並透過這種身分認同的情感連結來引領選民走向未來。

◆ 第三次競選的情感驅動力

川普第三次競選的成功在於他如何巧妙地運用情感動員，並將過去的經歷和情感記憶轉化為選民支持的動力。這一過程不僅是對具體政策的選擇，更是一場情感上的回歸。他透過情

感符號與身分認同，成功地將自己塑造成美國未來的領袖，並將自己的政治理念與選民的情感需求緊密相連。川普的心理學布局展示了情感動員在現代政治中的無窮力量，並揭示了如何在選舉中透過情感激發來塑造支持者的行為。

第二節　「讓美國再次偉大」的情感循環

「美國曾經偉大，我們將再次讓它偉大，這不是空洞的承諾，而是我們的使命。」

"America was great, and we will make it great again, this is not an empty promise, it's our mission."

◆ 情感循環的建構：從承諾到身分認同

川普的「讓美國再次偉大」的口號，不僅是一句簡單的選舉口號，而是一個精心設計的情感循環，旨在激發選民的情感共鳴並鞏固他們的身分認同。這一口號在 2024 年再次出現時，依然能夠喚起選民對過去輝煌時代的記憶，並且將這種情感需求轉化為行動動力。

心理學中的「情感循環」概念顯示，情感反應是一種循環過程，當情感與行為相互增強時，會加強某種信念或行為。川普巧妙地運用了這一心理學策略，他透過反覆強調「讓美國偉大」

第九章　我回來了：川普 2024 的心理布局

的口號，將其轉化為選民對過去的懷念與未來的希望的情感反應，從而形成了一個強大的情感循環。這不僅讓選民再次將川普視為「復興者」，還讓他們在情感上深信川普是唯一能夠實現這一夢想的領袖。

◆ 恢復過去的榮耀：懷舊情緒與政治動員

「讓美國再次偉大」的口號激發了強烈的懷舊情緒，這是川普競選策略中的核心。根據社會學家 Fred Davis 的研究，懷舊情緒能夠激發個體對過去「黃金時代」的渴望，並將這種情感與當下的現實結合。川普的支持者，特別是年長選民，將他視為能夠恢復過去美好時光的象徵，這種情感需求成為他們支持川普的主要動力。

川普在這場選舉中不僅僅是為了推動政策改革，更是透過情感的號召，讓選民認為自己是過去偉大時代的一部分，並且將這種過去的「美好」視為未來的目標。這種懷舊情緒的激發，成為了選舉中最具情感色彩的動員方式，並且為川普的競選增添了強大的情感動力。

◆ 反覆強調與情感共鳴：如何運用情感循環

在川普的競選策略中，「讓美國再次偉大」不僅僅是他的政策核心，更是反覆強調的情感框架。這一框架反映了心理學中

第二節 「讓美國再次偉大」的情感循環

的「情感共鳴」（emotional resonance）理論，即當一個資訊與個體的情感需求和期待相符時，資訊會引發強烈的情感共鳴。川普的競選活動充分運用了這一理論，他透過反覆強調「偉大」的概念，與選民的情感需求相契合，成功地在支持者心中激發出強烈的共鳴。

這種情感共鳴讓川普的支持者對選舉不僅是政治行為，而是對自己身分的表達。川普成功地將選舉塑造成一場「拯救美國」的戰爭，而每一位選民都是這場戰爭中的參與者和捍衛者。這樣的情感動員，不僅使選民參與到投票中，還使他們對川普的支持變得更加深刻與持久。

◆ 政治與情感的交織：重塑美國夢

川普將「讓美國再次偉大」與「美國夢」的概念交織在一起，將這一理想視為選民的核心價值。心理學家馬斯洛（Abraham Maslow）的需求層次理論中提到，當個體的基本需求得到滿足後，他們會追求更高層次的情感需求和自我實現。川普利用這一理論，將「美國夢」重新詮釋為每一位選民的心中願景，並透過「再次偉大」的承諾，讓選民覺得他們能夠實現自己的夢想。

這不僅是政治口號的創造，更是一場情感上的動員，讓每個選民在支持川普的過程中，感到自己是在為更高的目標而奮鬥。川普的競選活動，無論是在政策上還是情感上，都不斷強化「美國夢」的理念，並將其與「讓美國再次偉大」的使命緊密

第九章　我回來了：川普 2024 的心理布局

連繫。這一策略讓選民在情感上與川普產生強烈的共鳴，並將自己的夢想寄託於川普的未來政策中。

◆ 情感循環與選舉策略的成功

川普的「讓美國再次偉大」口號成功地構建了一個情感循環，讓選民的情感需求與川普的政治理念緊密相連。這一情感循環不僅讓選民對川普的支持變得更加堅定，也讓他的競選活動從一場簡單的選舉競爭，轉變為一場情感上的戰爭。透過這一策略，川普不僅激發了選民的懷舊情緒，還成功塑造了自己作為「美國夢」的代言人，從而進一步增強了競選中的情感動員效果。

第三節　反拜登的情緒槓桿設計

「我們的國家正處於崩潰的邊緣，而拜登正在將它推向深淵。」
"Our country is on the verge of collapse, and Biden is pushing it toward the abyss."

◆ 反拜登的情緒操控：從對立到動員

川普的 2024 年競選策略中，一個關鍵的情緒槓桿設計便是「反拜登」情緒的激發。川普將自己塑造成對抗拜登的唯一領

袖,將拜登的政策與美國衰退、無能與腐敗相連繫。這種情緒動員的核心在於創建一種「我們對他們」的對立框架,並將拜登描繪為所有問題的根源。

根據心理學中的「社會認同理論」,在政治運動中,當領袖能夠有效地將群體與外部威脅建立起對立關係時,群體的凝聚力將顯著增強。川普正是利用這一心理機制,將自己和拜登的政策形成強烈對比,將拜登的政權描述為一場對美國價值和未來的威脅。他不僅在情感上將自己與拜登對立起來,還透過強烈的語言和動員來激發選民的敵意。

◆ 認知失調與反拜登情緒的增強

在這一過程中,認知失調也在反拜登的情緒設計中發揮了關鍵作用。川普的支持者在選舉後,對拜登的勝選始終抱有不信任。隨著拜登執政後的一些政策實施,川普巧妙地利用選民的認知失調,即對拜登政權的不滿和對川普過去成功經濟政策的懷念,來進一步激發反對情緒。

根據認知失調理論,當人們的信念和現實不符時,他們會選擇改變信念以減少內心的矛盾。對川普的支持者而言,現實中拜登當選,然而他們的信念是川普才是最適合領導美國的總統。為了維持信念的穩定,這些選民更容易將拜登的政策和失敗與自己的困境連繫起來,並將這些情感反應轉化為對川普的支持。

第九章　我回來了：川普 2024 的心理布局

◆ 情緒槓桿設計：激發恐懼與焦慮

　　川普在反拜登的情緒設計中，不僅僅是對立框架的建立，更是對恐懼和焦慮情緒的有效激發。他強烈描繪了拜登領導下的美國陷入經濟崩潰、移民問題失控、國際地位衰退等情境，這些描述極大地觸動了選民內心的焦慮和恐懼。根據情緒學理論，恐懼和焦慮是強大的情緒驅動力，當選民感到國家未來受到威脅時，他們會更加依賴那些能夠解決問題的領袖。

　　川普正是利用了這一情緒動員機制，他不僅讓選民感到恐懼，還塑造了一種「只有我才能拯救國家」的情感訴求。他將拜登描繪為導致這些問題的根源，進一步強化了自己在選民心中的英雄形象。這種情緒槓桿設計讓川普的競選活動不僅僅停留在理性辯論層面，更是深入到選民的情感層面，讓選民在焦慮中更加依賴他。

◆ 反對拜登的群體動員與選民歸屬感

　　川普的反拜登情緒槓桿也有效地強化了選民的群體歸屬感。他將支持自己的人群描繪為捍衛「真正美國價值」的群體，並將那些支持拜登的選民視為「外來勢力」，從而激發選民的集體情感。這一策略深刻展現了社會認同理論，當選民感到自己是某個群體的一部分，且該群體有著共同的敵人時，他們會更加積極地參與到集體行動中。

第四節　高齡參選者的焦慮補償與英雄敘事

　　川普的支持者將自己視為美國傳統價值的捍衛者，並且將自己與那些「支持拜登的異見者」劃清界線。這種情感上的對立，使得選民在情感上認同川普，並將他視為能夠帶領他們走向勝利的領袖。川普巧妙地利用了這一心理機制，將反對拜登的情緒轉化為強大的政治動員力量。

◆ 情緒槓桿與選舉動員的雙重效果

　　川普的「反拜登」情緒槓桿設計，不僅加強了選民的敵我對立感，還深刻地激發了選民內心的恐懼、焦慮和群體認同感。這一策略有效地鞏固了他在支持者心中的領袖地位，並將選舉變成了兩極化的對抗戰爭。川普的情緒動員不僅讓選民感到拜登政府帶來的威脅，也讓他們更加依賴川普來改變這一局面。這種情緒槓桿設計，不僅是川普 2024 年競選的核心動力，也是他繼續在選民中保持強大影響力的關鍵。

第四節　高齡參選者的焦慮補償與英雄敘事

「我也許年紀較長，但我依然有足夠的精力帶領美國走出這場危機。」

"I may be older, but I have enough energy to lead America out of this crisis."

185

第九章　我回來了：川普 2024 的心理布局

◆ 高齡參選的心理挑戰：自我補償與形象塑造

　　川普在 2024 年的再次參選，無疑面臨著一個心理上的挑戰——作為一位高齡的參選人，如何克服「年齡焦慮」並塑造一個充滿活力的形象，是川普競選策略中的一個核心問題。心理學中的「補償理論」指出，當個體面對某些身心局限時，他們會透過其他方面的增強來補償這些不足。在川普的情況下，他在面對年齡問題時，選擇透過強調自身的經驗、領導力和身體能量來彌補年齡上的不利影響。

　　年齡焦慮本質上是一種對衰老的心理恐懼，尤其是在一個競爭激烈的政治環境中，年齡常被視為體力和精力的象徵。然而，川普巧妙地將這一挑戰轉化為自己的一個優勢。他強調，儘管自己年齡較大，但卻擁有「足夠的能量」來應對美國的挑戰，這一言論不僅是在克服年齡帶來的心理障礙，也是在向選民展示他作為領袖的堅強意志和無窮活力。

◆ 英雄敘事：重新塑造領袖形象

　　川普的年齡問題，最終轉化為他競選中的「英雄敘事」。英雄敘事在心理學中有著深厚的根基，這是一種由個體或群體塑造的，透過英雄的行為與特質來展示強大領導力和無所不能的形象。對於川普而言，年齡問題並未使他顯得脆弱或過時，相反，他將自己塑造成一位歷經波折依然能夠挺身而出的英雄。

第四節　高齡參選者的焦慮補償與英雄敘事

川普的「英雄敘事」不僅僅是關於他自身的經歷，更是關於選民對他寄託的信念。選民將他視為一個堅強的領袖，能夠在美國面臨各種危機的時候挺身而出，並將自己的未來命運寄託於他的領導之下。這種英雄敘事不僅僅建立在川普過去的成功經歷上，還與選民對未來美國的期望和渴望緊密相連。

◆ 精力補償：年齡與能量的對比

在川普的公開演講和競選活動中，他經常強調自己儘管年紀較大，但仍能進行長時間的競選活動，並且不懼艱辛的日程安排。他把這種精力的持久性作為自己的強大象徵，這讓選民對他的領導力充滿信心。這不僅是生理層面的補償，也是心理層面的補償。川普透過將自己與年齡的對比強化，實際上是在挑戰選民對年齡的刻板印象，並用實際行動證明自己具備領導國家的能力。

在心理學中，「補償」的概念不僅指填補缺憾，還包括展示自己在其他領域的卓越。川普強調自己在經濟、外交等領域的成功，並將這些成功描繪為他繼續領導美國的充分理由。這種補償式的強化，使他能夠從年齡的陰影中走出，並展示一個充滿活力、無所畏懼的領袖形象。

第九章　我回來了：川普 2024 的心理布局

◆ 年齡與政治領導：超越物理與心理的界線

雖然年齡被視為一個政治領袖的挑戰，但對川普而言，年齡並非限制。他透過巧妙地塑造自己的形象，將年齡問題轉化為一種象徵智慧與經驗的力量，而不是體力的不足。這種心理策略在政治領導中具有重要的啟示：年齡不必成為領導的障礙，反而可以成為一種智慧與成熟的象徵。

川普在 2024 年選舉中透過這種「補償策略」和「英雄敘事」的結合，成功地突破了年齡對其形象的影響。他不僅展示了自己在身體上的活力，還強調了自己在政治、經濟及國際事務上的深厚經驗。這種以經驗與能量為基礎的雙重補償，使得他在高齡參選中依然能夠保持強大的競爭力。

◆ 年齡、焦慮與補償策略

川普的第三次競選中，年齡問題並未成為他競選的障礙，反而成為了他的一個心理優勢。透過補償和英雄敘事的策略，他不僅克服了年齡帶來的心理挑戰，還將其轉化為自己的領導象徵。這一策略不僅強化了他作為領袖的形象，也讓選民對他保持高度信任。年齡問題與其心理補償的運用，深刻展示了情感動員與政治領導的深層心理動力。

第五節　預備戰：心理戰術如何超越政策論述

「我已經從那一槍中走了出來，這只讓我變得更強大，更有決心。」

"I've come out of that shot stronger, more determined than ever."

◆ 心理戰術的重塑：川普的復仇故事

2024 年川普的再次競選，遠不僅僅是關於政策的論述，更是一場深刻的心理戰爭。川普明白，選民的情感和信任不僅來自於他提出的具體政策，而更多來自於他如何在選民心中塑造自己的形象、如何運用情緒來打動選民，並激發他們的情感支持。在這場選舉中，川普巧妙地將自己過去的經歷，特別是他在 2016 年以來所面臨的挑戰，以及他在槍擊事件後的復出，融入到他的競選故事中。

槍擊事件對川普的影響超越了物理傷害，它為他提供了一個強大的情感資本，並將他塑造成了不屈不撓的英雄形象。根據心理學中的「英雄敘事」理論，當個體面對生命威脅並成功克服時，這不僅提升了他們的個人形象，還強化了他們的群體認同感。川普利用這一點，將自己塑造成一位英雄，這位英雄不

第九章　我回來了：川普 2024 的心理布局

僅在過去的選舉中經歷了各種艱難困苦，還在槍擊事件中成功克服死亡的威脅，並以更強的姿態回歸。

◆ 以情感為核心的政治動員

川普在競選中的策略不僅是政策層面的討論，而是將情感和身分認同作為主要的動員工具。2016 年，他以「讓美國偉大」的口號打破傳統，喚起了大量選民的情感共鳴，2024 年他再次運用情感動員來拉攏支持者。這一次，他的競選語言中多了復仇與決心的元素。槍擊事件成為他在選舉中的象徵，讓他在選民眼中變得更加堅韌和無懼挑戰。

心理學研究顯示，領袖透過強烈的情感訴求可以引發群體的共感與一致行動，這種現象被稱為「情緒感染」。當群體處於恐懼、憤怒或熱情狀態時，情緒的傳播速度與行動力皆顯著提升。川普的槍擊事件，作為一個悲劇的轉折點，成功激發了選民的同情心與支持。他利用這一事件，將自己塑造成一個堅強的政治人物，不僅象徵著個人的復仇，更象徵著對整個國家的再度拯救。

◆ 槍擊事件作為心理戰術的轉折點

2016 年川普在競選過程中，無數次面對來自媒體和政治對手的挑戰。而在 2024 年，槍擊事件讓川普的形象更具感染力，

第五節　預備戰：心理戰術如何超越政策論述

尤其是在面對他的對手——民主黨候選人拜登的時候。心理學研究指出，當個體經歷劇烈的情緒事件時，這些經驗可能強化其未來的情感反應，使其行為表現更為極端。這一現象與情緒激發理論與情緒調節困難有關，也在創傷後壓力反應中被廣泛觀察。川普巧妙地將槍擊事件所帶來的情感強度，轉化為對拜登政策的強烈反擊，並將這種情感強化與復仇的心理動力結合，激發選民的忠誠與憤怒。

在川普的語言中，槍擊事件成為他「重生」的象徵。他將這一事件與自己在美國政治中的復興緊密連繫，塑造了一個自強不息、經歷重重挑戰後仍然堅持不懈的英雄形象。他不僅向選民展示了自己作為政治人物的堅韌，也讓選民感覺到自己在這場選舉中也可以是這個英雄故事的一部分。

◆ 利用反擊策略：從受害者到勝利者

在這次選舉中，川普將自己在槍擊事件中的經歷，成功地轉化為一種反擊策略。他不僅以一個受害者的身分進行敘事，更將自己塑造成一位勝利者，證明了即便面對生命的威脅，他依然能夠成功反擊。這一策略使得選民更加堅信，川普能夠再次帶領美國走出困境，並強化了他在選民心中的領袖地位。

在這一過程中，心理學中關於「意義重建」(meaning reconstruction) 的概念產生了關鍵作用。川普透過對槍擊事件的詮釋，將一個原本帶有悲劇色彩的事件轉化為他政治復出的強大象

徵。他強調自己對國家未來的承諾和對選民的責任感，這使得選民對他產生了更多的情感依賴。

◆ 槍擊事件與心理戰術的結合

川普的槍擊事件成為他 2024 年競選中的一個關鍵心理戰術。他透過將這一事件與自己的英雄敘事和復仇故事相結合，成功地激發了選民的情感支持。在這一過程中，他運用了情感強化、身分認同以及重建意義的策略，將自己塑造成一位經歷重生的領袖，並使選民感到他是唯一能夠解決美國當前困境的領袖。這一策略深刻展示了情感動員在現代選舉中的無窮力量，也使川普的競選活動從單純的政策論述，轉化為一場情感和心理的戰爭。

第十章

再起的關稅戰爭：
2025 年 4 月 2 日事件全解析

第十章　再起的關稅戰爭：2025年4月2日事件全解析

第一節　事件始末：針對墨西哥、中國與東南亞的新一輪關稅制裁

「我們正在為美國工人爭取公平的貿易條件，這一關稅戰爭是對不公貿易的回應。」

"We're fighting for fair trade conditions for American workers, and this tariff war is a response to unfair trade practices."

◆ 2025年4月2日事件概述

2025年4月2日，川普政府發起了針對全球包括以中國和東南亞國家的新一輪關稅制裁。這一行動是川普推動經濟民族主義政策的一部分，旨在重新平衡美國在全球貿易中的不利位置，並且加強美國本土製造業的競爭力。根據川普政府的說法，這些國家的貿易行為對美國造成了不公平的經濟壓力，特別是在製造業和農業領域。川普的此舉被認為是他所謂的「公平貿易」政策的延伸，目的在於減少美國對外國產品的依賴，並且強化美國在全球經濟中的地位。

然而，這場新的貿易戰爭引發了國際間的激烈反應。川普對墨西哥、中國以及東南亞國家，尤其是越南、泰國、臺灣、日本、韓國等地的製造業和貿易實行了高達25%以上的關稅制裁，這不僅是對過去貿易協定的反擊，也是對全球貿易不平衡狀況的直接挑戰。

第一節　事件始末：針對墨西哥、中國與東南亞的新一輪關稅制裁

◆ 為何是墨西哥與中國？貿易戰策略中的兩面鏡子

川普政府之所以將中國與墨西哥設定為貿易政策的主要對象，並非單純基於經濟數據上的表面現象，而是源於戰略性政治與產業結構上的長期考量。這兩個國家在美國供應鏈中的角色，構成了川普所謂「美國被占便宜」的核心象徵。

首先，中國長年是美國最大貿易逆差來源國，根據美國商務部 2024 年末公布的數據，美中貿易逆差仍高居全球首位，主要集中於電子產品、機械設備與消費性製品。然而，自 2018 年起的川普關稅戰以來，中國出口商逐漸轉向透過第三地加工、重新標示產地的方式規避關稅，特別以越南、馬來西亞和墨西哥等國作為中轉站，進行所謂「洗產地」操作。2025 年 4 月最新報告指出，美國海關與邊境保護局（CBP）已強化原產地追蹤與海關驗證流程，並增設了針對墨西哥進口商品的調查機制，以阻止這類避稅行為。

而墨西哥在北美供應鏈中的角色，尤其是美墨加協定（USMCA）啟動後，更顯重要。許多中資企業自中美貿易戰開打以來，已逐步轉移產能至墨西哥北部，以利用其與美國地理接近與貿易免稅優勢，這使得墨西哥不再只是傳統意義上的「美國近鄰製造基地」，而成為中國出口商品的「轉身跳板」。對川普來說，這樣的變相規避，不僅削弱了美國對中施壓的實效，也引發了對墨西哥角色的再評估與政策強化。

第十章　再起的關稅戰爭：2025年4月2日事件全解析

因此，川普政府對中國課以高科技與製造業相關關稅，意在遏止中國在全球供應鏈中「低成本、高依賴」的霸主地位；而對墨西哥施壓則轉向貿易規則的重新整頓，防堵所謂「洗產地」的灰色地帶。這場貿易重塑行動，實質上是對全球價值鏈重新分布的一次主權干預，也是川普「美國優先」策略邏輯下的延伸操作。

✦ 關稅制裁的直接後果

新一輪關稅制裁對多個行業產生了即時的影響。中國和墨西哥的產品價格上漲，尤其是在汽車、電子產品和農業產品等領域，這使得美國消費者感受到了進一步的價格壓力。此外，許多進口商和製造商在面臨不確定的貿易政策時，選擇推遲投資或重新調整供應鏈，進一步加劇了美國經濟的波動。

川普政府則將這一系列行動解釋為「為了美國工人的利益」。他強調，這些措施是為了確保美國製造業能夠重新獲得競爭優勢，並推動美國企業回流國內。從川普的角度來看，這是對過去貿易協定的重構，也是對國際市場中不公平競爭的強烈反擊。

✦ 關稅戰爭的政治意圖與心理效應

2025年4月2日的關稅制裁是一場策略性的貿易行動，旨在強化川普對美國經濟民族主義的執行力，並鞏固他在選民

中的領袖地位。這一事件的背景與川普的情感動員策略密切相關，他透過強烈的語言，將這場貿易戰爭描繪為「為美國工人爭取公平貿易條件」的戰鬥。對於川普的支持者來說，這是一場反擊全球化和不公平貿易結構的鬥爭，而對於反對者而言，這一行動則加劇了全球貿易的不穩定性，並引發了對美國經濟長期影響的深刻擔憂。

第二節　貿易行動的政治心理動機

「我的關稅政策並非單純的經濟決策，而是一場為美國工人和家庭的戰爭。」

"My tariff policy is not just an economic decision, it's a war for American workers and families."

◆ 政治心理動機：從經濟政策到選民動員

2025 年 4 月 2 日發起的新一輪關稅制裁，不僅是一場貿易戰，更是一場精心設計的心理戰。川普的貿易行動深刻反映了他在選舉中如何利用經濟議題來激發選民的情感支持，並強化他在美國民眾中的「英雄」形象。這一貿易行動表面上是為了保護美國本土產業，實際上卻是川普一貫的情感操控策略的一部分，旨在引發選民的情緒反應，進一步動員支持。

第十章　再起的關稅戰爭：2025 年 4 月 2 日事件全解析

在政治心理學中，研究顯示當領袖能夠成功激發選民的情緒，特別是與群體認同相關的情感時，選民的政治支持與參與意願往往會顯著提升。這種「情緒動員」機制是群體行為與領袖魅力的重要基礎。川普透過將貿易戰爭描繪為「為美國工人爭取正義」的行動，成功激發了選民對他政策的強烈情感支持。這樣的情感動員不僅是政策辯論的延伸，更是對選民內心深處的渴望進行心理上的激勵，特別是在川普所代表的工人階級群體中，他的「公平貿易」口號成功地觸動了他們對國家未來的焦慮。

◆ 反全球化情緒的心理學根源

川普的關稅政策背後有著深厚的心理學根源，即全球化所引發的反向情緒。自川普 2016 年第一次出現以來，全球化已經成為他反對的核心議題之一。他的支持者多為中下層白人工人階級，他們感到在全球化過程中受到了排擠。根據社會認同理論與相對剝奪理論，當群體感受到其傳統地位或經濟機會遭受威脅時，會產生身分焦慮與敵意反應。許多選民將全球化視為摧毀工業工作與削弱群體價值的主因，這種「失落認同」的情緒成為政治極化的重要驅動力。

在川普的語言中，全球化的負面影響被具象化為「其他國家的不公平競爭」，尤其是來自中國、墨西哥及東南亞國家的廉價勞動力。川普利用這一情感基礎，把貿易戰爭描繪為一場關乎

第二節　貿易行動的政治心理動機

美國尊嚴和未來的戰爭，將他的選民視為捍衛美國價值與未來的主力。這一策略有效地鞏固了他在選民心中的領袖形象，並加強了他與這些選民之間的情感連繫。

◆ 政治利益的最大化：從利益訴求到選舉動員

川普的關稅政策不僅是經濟和外交的操作，更是他選舉動員的一部分。透過關稅的手段，他不僅向選民展示了他在經濟領域的強硬態度，還強化了他對「美國優先」政策的堅持。這種政策不僅滿足了工人階級選民對公平貿易的渴望，還給予了他們一個清晰的政治利益訴求：支持川普意味著支持美國的製造業，並保護國內就業。

社會學中的「集體行為理論」指出，當選民感覺到自己在集體中的利益受到威脅時，他們會更加積極參與到集體行動中。川普利用這一理論，把自己的選舉活動變成了一場保護「美國工人」的運動。他讓選民覺得自己的選擇關係到整個國家未來的命運，這不僅是一場簡單的政治選擇，更是一場關於身分認同和價值觀的較量。

◆ 制裁作為心理補償工具

川普的貿易制裁行動也有一個更深層的心理動機──這是對過去美國在貿易談判中所受「屈辱」的補償。他經常提到過去

的貿易協定如何對美國不利,並將自己塑造成重新為美國爭回尊嚴的英雄。在這一過程中,制裁不僅是經濟手段,更是心理補償的工具。川普透過實施這些制裁,彌補了他認為美國在過去貿易談判中所遭受的不公平對待,並將這一過程視為對美國過去貿易屈辱的回應。

根據法國裔反殖民思想家法蘭茲・法農的觀點,當個體或群體長期處於社會不公與羞辱性處境中時,往往會以激烈行動回應壓迫,藉此重建自我認同與心理尊嚴。川普的貿易戰爭正是這一理論的實踐,他透過貿易制裁來表達對過去不公平對待的反擊,並試圖重塑美國在全球經濟中的地位。

◆ 貿易行動的政治心理效應

川普的貿易制裁行動遠超過了單純的經濟手段,它是他選舉動員和情感操控策略的核心。透過強調全球化的負面影響和美國的經濟屈辱,川普成功地激發了選民的情感反應,並將這些反應轉化為選舉支持。他利用制裁作為一種心理補償工具,將自己塑造成捍衛美國工人利益的英雄。在這一過程中,川普的行動不僅是對過去貿易失敗的回應,更是一場情感上的政治戰爭,旨在重新激發選民對他政策的忠誠。

第三節　復仇式經濟政策？損失補償與認同重建

「這不僅是關稅戰爭，這是對過去所有錯誤貿易協議的報復，這是為了美國工人的復仇。」

"This isn't just a tariff war, it's revenge for all the bad trade deals in the past, it's revenge for the American workers."

◆ 國際貿易角度：川普的經濟復仇與重新談判

川普的 2025 年關稅政策，特別是針對墨西哥、中國以及東南亞國家（尤其是越南、泰國和印度）的新一輪制裁，不僅僅是經濟上的決策，它更是一場政治與經濟的復仇，反映了川普對過去多邊貿易協議和全球化貿易結構的強烈不滿。從國際貿易的角度來看，這些制裁被視為川普試圖重新塑造國際貿易秩序的一部分，透過強力手段要求修正對美國不利的貿易協議，並對過去的貿易錯誤進行「復仇」。

川普的做法源自對全球貿易結構的深刻懷疑，他認為過去的多邊貿易協定（如北美自由貿易協定、世界貿易組織等）未能充分保護美國的經濟利益，反而導致美國的製造業流失和大量就業機會外流。這種對多邊貿易體系的不滿，使川普選擇透過單邊關稅制裁的方式，對國際貿易秩序進行挑戰，並強調「美國

第十章　再起的關稅戰爭：2025年4月2日事件全解析

優先」的立場，將貿易戰爭視為一種對美國過去在國際貿易中處於不利地位的彌補。

◆ 國際反應：貿易戰爭的全球化影響

從國際貿易角度來看，川普的貿易戰爭對全球市場的影響是深遠的。對中國、墨西哥及東南亞國家的制裁，對全球供應鏈造成了巨大衝擊。特別是在製造業和農業領域，川普的制裁使得這些國家的產品價格上漲，導致全球市場上的貿易流動受阻。這不僅影響到美國的消費者，也使得這些貿易夥伴國家的經濟面臨重壓。

中國作為全球最大的製造業基地之一，與美國的貿易關係一直是全球貿易格局中的焦點。川普的制裁無疑將兩國的貿易關係推向了更為激烈的對抗，特別是在高科技領域的貿易摩擦中，這場貿易戰不僅僅是貿易問題，更上升到了國際政治的角度。而對墨西哥和東南亞國家，這些國家的製造業和低成本勞動力使其成為美國製造業外包的主要地點，川普的關稅政策使這些國家面臨了重新調整的巨大壓力。

◆ 關稅政策與全球貿易重塑：單邊行動的風險

在國際貿易理論中，單邊貿易行動（如關稅制裁）被視為可能破壞全球自由貿易體系的關鍵因素。川普的貿易戰爭正是這

第三節　復仇式經濟政策？損失補償與認同重建

一理論的生動實踐。雖然川普宣稱這些制裁是為了保護美國工人和企業的利益，但從全球化經濟的角度來看，這些單邊制裁可能引發貿易夥伴國的報復，進一步加劇貿易緊張局勢，並對全球經濟復甦造成負面影響。

根據國際貿易理論中的「報復性關稅」（retaliatory tariffs）理論，當一國實施單邊關稅措施時，往往會引發其他國家進行報復性制裁，這將導致全球貿易的不穩定。川普的政策在短期內可能會對美國製造業帶來競爭優勢，但長期而言，這種貿易戰可能會推高全球生產成本，抑制國際貿易流動，並最終影響到美國消費者的購買力。

◆ 美國與世界經濟的關係再定義：經濟民族主義的挑戰

川普的貿易戰爭是美國經濟民族主義的具體表現，他試圖將美國從全球貿易體系中重新定位，強調美國的主權和經濟自主性。在這一過程中，川普的行動也挑戰了傳統的自由貿易理念，這在全球範圍內引發了廣泛的討論和反應。傳統的自由貿易理論認為，全球貿易應該促進各國的互利合作，而川普的政策則強調美國優先，並認為只有單邊行動才能確保美國在全球經濟中的主導地位。

從心理學的角度來看，川普的經濟民族主義策略是一種強烈的「自我保護心理」的表現。他將貿易戰爭視為對外部威脅的

第十章　再起的關稅戰爭：2025年4月2日事件全解析

反擊，並將美國製造業和工人階級的利益視為國家安全的核心部分。這一策略的成功與否，不僅取決於國內的支持度，還取決於全球貿易夥伴國的反應。

◆ 貿易戰爭的全球影響與心理動機

　　川普的貿易戰爭是一場多層次的國際賽局，不僅僅是經濟手段的運用，更是一場政治與心理層面的較量。從國際貿易的角度來看，這場貿易戰的發起反映了美國對全球貿易體系的深刻不滿，並試圖透過單邊行動來改變美國在全球貿易中的地位。然而，這樣的策略也帶來了全球貿易的不確定性，並可能引發各國的報復性行動，進一步加劇全球經濟的不穩定。從心理學角度分析，川普的貿易戰爭不僅是經濟行動，也是情感動員的延伸，試圖透過強調「美國優先」的理念，激發選民的集體認同和情感支持。

第四節　全球反應與國內動員：群體投射與愛國心理學

「這不僅僅是關於貿易，而是關於美國的尊嚴與未來。每一位支持我們的國民，都是為了美國的偉大而戰。」

"It's not just about trade, it's about America's dignity and future. Every citizen who supports us is fighting for America's greatness."

◆ 全球反應：國際關稅戰爭的經濟與政治衝擊

2025 年川普政府的關稅制裁，雖然是對不公平貿易行為的回應，但在國際社會引發了強烈的反應。各國政府和企業對此表達了不同的立場，從強烈反對到重新評估自身的貿易政策，川普的行動無疑在全球範圍內激起了波瀾。

首先，全球最大貿易夥伴之一的中國立即對美國的關稅進行了報復，對美國的農產品、鋼鐵以及高科技產品加徵了反制關稅。這樣的反應並不令人意外，因為中國作為美國最大的貿易對手，必然會捍衛自身的經濟利益。這場貿易爭端不僅增加了貿易壁壘，也加劇了兩國之間的外交緊張。

同樣，墨西哥和其他東南亞國家（如越南、泰國）也對美國的制裁作出了回應。這些國家中許多的製造業依賴於出口到美

第十章　再起的關稅戰爭：2025年4月2日事件全解析

國市場，尤其是在低成本製造業領域。關稅政策使得這些國家的產品成本大幅上升，迫使它們重新評估與美國的貿易合作，並可能尋求與其他經濟體進行合作，從而加劇全球貿易的不穩定。

從國際貿易理論的角度來看，這一系列的報復性行動和貿易壁壘的升高，導致全球供應鏈的重新調整，並可能引發貿易夥伴間的更深層次經濟鬥爭。這也加強了全球貿易保護主義的勢頭，對未來的全球經濟成長構成威脅。

◆ 國內動員：群體投射與愛國心理學

然而，從川普的策略來看，這場關稅戰爭更多的是一場國內的情感動員。川普成功地將國際貿易問題轉化為國內政治鬥爭的核心，並將這場貿易戰描繪為捍衛美國尊嚴和工人利益的戰爭。他將外部的貿易對手轉化為國內的「敵人」，將選民的情感需求與愛國情懷緊密連繫，進而強化了他與支持者的情感連繫。

川普在競選中的一個重要策略便是利用「群體投射」的心理機制。根據社會心理學中的群體投射理論，當人們感受到威脅時，往往會將這種威脅投射到外部對手或敵人身上，並進一步強化自己群體的凝聚力。在川普的語言中，「中國」、「墨西哥」等貿易對手被描繪為對美國利益的最大威脅，而「美國優先」則成為抵抗這些威脅的核心訴求。

第四節　全球反應與國內動員：群體投射與愛國心理學

川普成功地利用了這一心理機制，將外部的經濟挑戰轉化為內部的愛國動員。他強調，這場貿易戰並不僅僅是關於金錢和貿易，而是關於美國的尊嚴和未來，這使得選民在情感上與川普的政策建立了深刻的連繫，並將其視為捍衛國家利益的唯一領袖。

◆ 愛國心理學：情感與認同的交織

川普在這場貿易戰中運用了深刻的「愛國心理學」。根據心理學中的愛國情感理論，愛國情感通常與國家的集體價值觀、歷史背景及經濟利益緊密相連繫。川普透過強調「美國優先」和「重新偉大」的主題，激發了選民內心的愛國情懷，並將這些情感與貿易政策相連接。他讓選民感到，支持川普的政策就是在支持美國的偉大未來，並將自己視為這一未來的領航者。

這樣的情感動員不僅僅展現在對中國或墨西哥等國家的貿易報復上，更展現在川普塑造的一個核心概念：這是一場為了國家利益而進行的「正義之戰」。川普讓選民感到，他們不僅是支持一個政治人物，而是在支持一個更高的愛國目標，這樣的認同感強化了他與選民之間的情感連繫，並使得選民對他的政策更加忠誠。

第十章　再起的關稅戰爭：2025年4月2日事件全解析

◆ 國際與國內的情感互動

這場貿易戰爭的另一層次是國際與國內情感的互動。在全球層面，川普的行動將外部貿易對手視為挑戰者，而在國內，他將這些對手塑造成敵人，激發了選民的愛國情懷。這種情感上的連結使得選民不僅支持川普的經濟政策，還強烈認同他所代表的美國價值觀和全球競爭地位。

在川普的策略中，國際反應並非只是貿易問題的單純反映，更是他在國內動員中的一個強而有力工具。當美國的貿易夥伴對其發動報復時，川普會將這些行動轉化為美國被外部勢力挑戰的證據，進一步激發選民的團結與支持。這一策略在心理學中稱為「外群體威脅理論」，即外部威脅能強化群體內部的凝聚力，並促使群體更強烈地表達對領袖的支持。

◆ 群體投射與愛國動員的力量

川普的關稅政策不僅是經濟上的回應，它更是一場情感上的戰爭。透過巧妙地運用群體投射和愛國心理學，他成功地將國際貿易問題轉化為國內政治動員的核心。川普使得選民不僅因為經濟利益而支持他，更因為情感上的認同和愛國情懷而更加忠誠於他。這場貿易戰爭的成功，不僅在於對外部威脅的反擊，更在於如何在國內激發選民的集體情感，並將這些情感轉化為政治支持。

第五節　川普式經濟民族主義的心理代價與政治收益

「美國不再為世界而工作，我們會為自己工作。」

"America will no longer work for the world, we will work for ourselves."

◆ 川普式經濟民族主義：核心理念與政策基礎

　　川普的經濟政策自上任以來便深刻展現了他的經濟民族主義思想——一個將美國的經濟利益放在全球競爭中首位的理念。這一政策主張，強調美國必須透過單邊貿易行動來恢復其在全球貿易中的競爭優勢，尤其是在製造業和高科技領域。川普的關稅戰爭，正是這一經濟民族主義的具體表現，將美國的利益放在首位，並要求其他國家改變其貿易行為以符合美國的利益。

　　從心理學角度來看，這一策略反映了所謂的「自我保護心理」——當人們感覺國家利益受到威脅時，會本能地啟動強烈的防衛機制，以支持激烈或對抗性的行動，藉此維護群體的安全與認同感。川普透過加徵關稅來對外部威脅進行反擊，這不僅是經濟手段的運用，更是情感上的表達，將全球化及多邊貿易協議視為對美國利益的損害，而強調美國應該首先解決自身問題。

第十章　再起的關稅戰爭：2025年4月2日事件全解析

◆ 心理代價：
全球貿易體系的破壞與國際關係的緊張

儘管川普的經濟民族主義在國內獲得支持，但其對全球貿易體系的破壞及對國際關係的挑戰，卻帶來了長期的心理代價。這一政策引發了全球範圍內的貿易摩擦和報復行為，使得全球貿易體系面臨前所未有的不穩定。多邊貿易機構如世界貿易組織（WTO）面臨挑戰，各國開始尋求更多的雙邊協議，這進一步削弱了全球經濟合作的基礎。

從心理學角度來看，這一政策造成的負面影響主要表現在「國際信任危機」上。川普的關稅政策讓許多國家對美國的誠信度產生質疑，並引發了貿易夥伴國對美國信守協議能力的懷疑。這一信任的崩塌使得國際間的合作變得更加困難，各國更加注重自身的利益而非全球集體利益，進一步加劇了國際社會的分裂。

◆ 政治收益：強化國內支持與選民動員

儘管這些政策帶來了國際上的緊張局勢，川普的經濟民族主義卻在國內選民中獲得了強烈的支持。尤其是對於受全球化負面影響的中下層白人工人群體而言，川普的貿易政策成為了他們重新獲得經濟尊嚴和地位的希望。在心理學中，這種情況可以被解釋為「補償效應」（compensation effect），即當個體或群

第五節　川普式經濟民族主義的心理代價與政治收益

體在某一方面遭受損失時,他們會透過其他方式來彌補這些損失,並強化他們的集體認同感。

川普的選民尤其是製造業工人和藍領勞動者,對全球化帶來的工作流失和工資壓力感到焦慮。川普透過對外貿易的強硬立場,讓這些選民感到自己在經濟政策中找到了代言人。這一情感訴求的成功,使川普能夠在 2024 年競選中繼續動員起強大的選民基礎,並將「美國優先」的政策理念作為他選舉的核心訴求。

◆ 長期收益與成本:從經濟到國際關係的深遠影響

從長期來看,川普的經濟民族主義可能會帶來一定的政治收益,尤其是對於那些在全球化過程中感到被邊緣化的選民。但同時,這一政策也將對美國的全球經濟影響力和國際地位產生深遠影響。在短期內,雖然川普的政策能夠促進美國製造業的回流,但長期而言,這可能會削弱美國在全球市場中的競爭力,並帶來國際市場的不穩定。

此外,對美國貿易夥伴國的單邊行動可能導致更大範圍的經濟對抗和國際孤立。這不僅會改變全球貿易格局,也可能使美國在未來面臨更高的貿易成本和更少的國際合作機會。心理學中的「長期代價」理論指出,當短期的利益回報過於強烈時,個體或國家往往會忽略長期的負面影響,這是川普式經濟民族主義的潛在風險之一。

第十章　再起的關稅戰爭：2025年4月2日事件全解析

◆ 心理代價與政治收益的平衡

川普的經濟民族主義政策在國內成功地激發了選民的情感支持，並加強了他與工人階級選民的連繫。然而，這一政策所帶來的國際反應和全球經濟的動盪，則可能對美國的長期利益產生負面影響。川普的政策在短期內可能會強化他在選民中的領袖地位，但從長期來看，這樣的政策可能會削弱美國的國際影響力，並對全球貿易體系造成嚴重損害。如何平衡這些短期與長期的心理代價與政治收益，是川普政策的最大挑戰。

第十一章

與世界為敵：
外交決策的心理版圖

第十一章　與世界為敵：外交決策的心理版圖

第一節　金正恩、普丁與心理邊界模糊策略

「我跟金正恩有著非常特殊的關係,我們之間是直接的、真誠的交流。」

"I have a very special relationship with Kim Jong Un. We have direct and honest communication."

◆ 金正恩與川普的外交心理賽局

　　川普的外交政策呈現出極為直接、甚至是出乎意料的風格,他與北韓領導人金正恩的關係便是最具代表性的例子。川普在任期內多次公開表示,與金正恩的關係「非常特殊」,並稱他們之間的對話是開放且直率的,這樣的外交策略在國際政治上造成了巨大的反響。

　　從心理學的角度來看,川普與金正恩之間的關係更像是一場心理賽局,兩人利用互相塑造的「特殊關係」,模糊了國際政治中固有的敵我分明的邊界。金正恩對川普的接納與回應,既是一種外交策略,也可能是出於對川普「直言不諱」風格的欣賞和認同。在這樣的互動中,川普不僅強化了自己的「強人外交」形象,也讓金正恩感受到更多的外交上「權力平衡」。

　　然而,這樣的模糊邊界策略卻也帶來了危險的心理效應。川普的對北韓政策在國際社會中被視為一種極度不確定的外交

第一節　金正恩、普丁與心理邊界模糊策略

模式,當兩位領袖過度依賴「私人關係」而非正式外交管道時,可能會使國際社會對他們的決策失去信任。這一策略最終讓美國和北韓之間的「敵我界線」變得更加模糊,對美國的盟友也造成了不小的困惑與焦慮。

◆ 普丁與川普的心理互動

與金正恩相似,川普對俄羅斯總統普丁的態度也充滿了矛盾。川普在任內對普丁的態度常常被視為親近甚至是同情的,這一點在 2018 年赫爾辛基會議中表現得尤為明顯,當時川普公然在會議中站在普丁一邊,對於俄羅斯干涉美國選舉的指控輕描淡寫,這一行為引發了國際社會的強烈反應。

從心理學的角度來看,川普與普丁之間的關係展現了「邊界模糊策略」的另一個層面。普丁是一個極具操控能力的領導人,他善於利用心理戰爭來弱化對手的防備,而川普則在與普丁的交流中往往顯示出對強權的吸引力,這使得兩位領袖在心理層面上建立了某種程度的共鳴。

然而,這樣的關係對美國國內政治和國際外交的影響是深遠的。川普過於依賴與普丁的個人關係,並未充分考慮到這樣的親密關係可能帶來的政治後果。在國內,這一外交策略引發了強烈的反對聲音,部分批評認為川普過度放任俄羅斯,並忽視了美國與其他盟國之間的信任關係。

第十一章　與世界為敵：外交決策的心理版圖

✦ 烏克蘭危機中的外交角力：川普與澤倫斯基的衝突

2025 年，烏克蘭總統澤倫斯基和川普在白宮的會議上爆發了激烈的爭執，這場爭吵源於俄烏戰爭的持續升級以及川普對美國對烏克蘭軍事援助的立場。自從 2022 年俄羅斯入侵烏克蘭以來，澤倫斯基便依賴美國的支持來對抗俄羅斯，而川普則對繼續提供大規模軍事援助持保留態度。在 2025 年，兩人在白宮的會議中，川普對澤倫斯基施壓，要求他在談判中向俄羅斯讓步，以期達成快速停火，這一要求激怒了澤倫斯基。

澤倫斯基表示，烏克蘭不能在未獲得戰略勝利的情況下與俄羅斯談判，而川普則強烈主張美國應該專注於自身的經濟利益，而非繼續為烏克蘭提供無休止的援助。兩人在會議中的言辭激烈，並且川普對澤倫斯基的處境顯示出不屑，認為烏克蘭無法有效地利用美國的援助，並強調美國應該將資源用於自身的重建與發展。

從心理學角度來看，這場衝突揭示了川普在外交事務中的「強人心理」與「交易型人格」。他將國際外交視為一種權力賽局，並以個人談判方式處理與他國領袖的關係。對於澤倫斯基而言，這一場爭吵不僅是一次外交失敗，也是對他作為領袖的挑戰，尤其是在他深知美國援助對烏克蘭生死存亡的重要性時。

第二節　退出與單邊：反依附人格的外交路線

◆ 金正恩與普丁的心理邊界模糊策略

　　川普的外交策略，無論是與金正恩的親密關係，還是與普丁的微妙合作，都展現了他獨特的心理外交風格。透過模糊敵我界線，川普建立了與這些領袖的私人關係，並試圖利用這些關係達成自己的政治目標。然而，這樣的外交模式也帶來了長期的挑戰，特別是在信任與合作的基礎上，川普的外交方式有時使美國與其傳統盟友的關係變得緊張。更重要的是，當強硬的外交策略與信任的缺乏相結合時，可能會引發長期的外交孤立，對美國在全球範圍內的影響力構成威脅。

第二節　退出與單邊：反依附人格的外交路線

「我們不需要依賴任何國家，我們不需要遵循任何國際規則。美國將為美國而戰，這才是正確的路。」

"We don't need to rely on any country, we don't need to follow any international rules. America will fight for America, that's the right way."

第十一章　與世界為敵：外交決策的心理版圖

◆ 反依附人格：外交路線的核心特徵

　　川普的外交政策深刻反映了他所謂的「反依附人格」，這一人格特徵在外交領域的展現，就是拒絕國際組織和條約的約束，並採取單邊主義行動。這種外交路線的核心，是將美國的利益置於全球多邊協議和國際關係之上，這與以往美國依賴全球合作和國際規範的外交方式形成了鮮明對比。

　　從心理學的角度來看，這種「反依附」的外交政策可以被解釋為川普的個人信念和行為的延伸。領導人不是抽象的「國家機器」，他們的性格與早年經驗也會滲透到外交決策中。心理學中的依附理論提醒我們，一位領導人如何建立信任與處理威脅，很可能與他成長過程中對人際關係的理解有關。川普以其強烈的自我依賴和控制欲望為特徵，他拒絕向其他國家和國際機構屈服，這表現為對多邊協議和國際合作的強烈懷疑。

　　川普的外交策略表現出明顯的單邊主義色彩。他推動美國退出巴黎氣候協定、伊朗核協議、跨太平洋夥伴關係（TPP）等國際協議，並強調美國應該在所有議題上都保持「主權優先」的立場。這樣的立場並非只是政策選擇，更反映了川普強烈的反依附心態，即拒絕依賴他國或國際組織，並將所有決策控制在美國自己的手中。

第二節　退出與單邊：反依附人格的外交路線

◆ 退出與單邊政策的心理動機

川普的「退出」策略不僅是對現有國際秩序的挑戰，也展現了他在外交上的基本心理動機——對他人影響力的拒絕和對美國獨立性的強烈渴望。他的這一策略可以被理解為一種「控制欲」的展現。川普多次強調，全球化帶來的外部依賴讓美國處於不利位置，而這種依賴和多邊合作往往使美國的決策受到外部因素的制約。

在這一框架下，川普將美國的國際地位視為主權的象徵，並以退出或單邊行動作為強化美國主權的手段。從心理學角度來看，這種行為更像是對外部威脅的一種防禦性反應，當美國感到自己在全球舞臺上被孤立或遭遇不公時，川普選擇採取積極退出的方式來自我保護，減少來自他國或國際組織的壓力。

◆ 單邊外交的代價與風險

雖然單邊政策在短期內能夠滿足川普所謂的「美國優先」的需求，但從長遠來看，這一策略卻帶來了顯著的外交代價。首先，這使得美國與其他主要國家之間的信任關係變得緊張，尤其是在貿易和氣候等全球性議題上。當美國選擇退出國際協定或拒絕履行國際承諾時，其他國家會認為美國無法信賴，從而加劇了全球化進程中的不穩定性。

第十一章　與世界為敵：外交決策的心理版圖

其次，這種單邊外交策略也讓美國面臨更多的國際孤立。當川普選擇退出國際機構（如世界衛生組織 WTO 和巴黎氣候協定）時，雖然這些行動在國內獲得部分選民的支持，但卻使美國在全球治理中的影響力逐漸下降。長期下去，這將削弱美國在國際事務中的領導地位，並讓其他新興大國（如中國和印度）有機會填補美國留下的空白，改變全球權力結構。

◆ 國內支持與外交孤立的心態

儘管川普的單邊外交在國際上帶來了挑戰，但他在國內的支持依然堅固。對於那些感到被全球化邊緣化的選民而言，川普的「美國優先」政策給予了他們一種身分認同感，他們覺得美國的外交策略終於回到了以國內利益為中心的立場。這一策略也成功動員了部分選民對川普的支持，尤其是在重工業地區，這些選民對美國退出國際協定的行動表示認同，認為這能夠保護他們的就業和國家利益。

然而，這樣的政策也帶來了外交孤立的風險。川普的強硬姿態雖然在國內得到了選民支持，但卻讓美國與傳統盟友之間的關係逐漸疏遠。美國不再是全球合作的核心，取而代之的是一種以自身為中心的外交觀念。這種孤立主義策略，在短期內可能帶來一時的政治收益，但長期而言，會削弱美國在全球的領導地位和影響力。

第三節　美國優先與全球孤立感的投射機制

◆ 單邊外交的心理與實際挑戰

川普的「反依附」外交政策展現了他對全球化秩序的不信任和對美國主權的強烈保護欲。雖然這一政策在國內獲得了部分選民的支持，並強化了他的領導地位，但從國際角度來看，這種單邊外交行為卻帶來了顯著的風險和代價。川普的外交路線最終可能導致美國在全球舞臺上的孤立，並加劇全球貿易與外交關係的不穩定。如何平衡國內支持與國際責任，將是川普式外交所面臨的最大挑戰。

第三節　美國優先與全球孤立感的投射機制

「我將永遠站在美國的立場，這是我的首要任務。其他國家如果不支持我們，那就讓他們自己去面對。」

"I will always stand for America first, that is my number one priority. If other countries don't support us, they can face the consequences themselves."

◆ 美國優先的外交哲學

川普的外交政策以「美國優先」為核心，這一理念將美國的利益置於全球議題的中心。從心理學角度來看，這一外交哲

第十一章　與世界為敵：外交決策的心理版圖

學可被理解為「自我中心主義」(egocentrism) 的具體展現——將國家的利益和需求視為最為重要的，並對其他國家的需求保持較低的優先級。這種政策強調美國作為全球經濟和政治的領袖，並要求其他國家承認並尊重這一地位。

川普的「美國優先」政策並非單純的民族主義，而是一種極端的實用主義。對川普而言，所有的外交行動、經濟決策、甚至國際合作，都必須以美國的最大利益為最終目標。他的外交理念強烈反映出一種「零和賽局」的思維，這種思維認為全球貿易與政治是一場競爭，只有美國贏得最大利益，其他國家才會在這場遊戲中付出代價。

✦ 全球孤立感的投射：心理學解釋

當川普強調「美國優先」時，他同時也加劇了全球孤立感的心理投射。根據「投射理論」，當個體或集體在某一領域感到焦慮或威脅時，他們往往會將這種焦慮或威脅投射到外部世界上。對川普而言，這種焦慮來自於他對美國在全球化進程中逐漸被邊緣化的感知。為了對抗這一威脅，川普選擇強化「美國優先」的政策，並將這種心理投射給予外部世界，認為美國的所有外交行動應該建立在強大自我利益的基礎上，而其他國家不支持這一立場的後果應由他們自己承擔。

這樣的外交模式，使得其他國家不得不面對美國的「單邊主義」行為，並感受到來自美國的孤立與排斥。從心理學角度

第三節　美國優先與全球孤立感的投射機制

看,這是川普對美國在全球競爭中感到被遺忘或不公平對待的反應,他選擇將這種內在的不安情緒轉化為對外部世界的強硬態度,並讓全球承擔他對美國優先的需求。

◆ 全球對美國優先的反應與挑戰

儘管「美國優先」的政策在國內某些選民中獲得了強烈支持,但在全球舞臺上,這一策略卻引發了強烈的反應和挑戰。許多國家,尤其是美國的傳統盟友,對川普的單邊主義政策表示擔憂,並認為美國的這一態度削弱了全球合作與多邊主義的基礎。對這些國家而言,川普的政策不僅挑戰了國際秩序,也使他們在面對全球問題時,必須重新考慮如何與美國進行有效合作。

從心理學角度來看,這種反應與「集體認同」(collective identity)的概念密切相關。許多國家將自己視為全球合作體系的核心成員,並對多邊協議和全球治理的價值深感認同。然而,當川普強調「美國優先」並選擇退出國際協定時,他使這些國家感到被排除在全球決策之外,並挑戰了他們的集體身分。這不僅使美國與盟友的信任關係遭遇重大考驗,也讓其他國家在面對全球危機時,必須更多依賴自己的力量,從而加劇了國際間的矛盾和分歧。

第十一章　與世界為敵：外交決策的心理版圖

◆ 孤立的後果：全球貿易與外交失衡

美國在川普領導下的外交孤立政策,也使全球貿易結構面臨重大挑戰。隨著美國退出跨太平洋夥伴關係（TPP）、巴黎氣候協定等多邊協定,其他國家開始尋求更多的替代方案,並減少對美國的依賴。這一趨勢在某些領域中,尤其是在貿易和氣候問題上,對美國的長期影響深遠。雖然美國的「美國優先」政策在短期內獲得了部分選民的支持,但從長期來看,這樣的政策可能會導致全球貿易失衡,並削弱美國在國際市場上的競爭力。

從心理學的角度來看,這種政策帶來的孤立感可能會對美國的國際地位造成進一步損害。當美國選擇不再積極參與全球問題時,其他國家不僅會將美國視為「孤立的強國」,也會開始尋求其他外交合作夥伴,這將使美國在未來的國際事務中處於不利地位。

◆ 美國優先與全球孤立感的投射

川普的「美國優先」政策強調美國在全球事務中的主權和獨立性,並拒絕依賴任何國際規則或協議。然而,這一政策同時加劇了美國與其盟友的外交孤立感,並在全球範圍內引發了不安和挑戰。從心理學角度來看,川普的外交行為反映了他對全球化過程中美國利益逐步流失的焦慮,並將這一焦慮投射到全球

舞臺上，導致了全球合作結構的破壞。長期而言，這一政策可能對美國的國際地位造成損害，並讓全球合作體系變得更加不穩定。

第四節　外交是心理戰，不是合作

「外交是一場心理遊戲。你不能期望與敵人和解，除非你能讓他相信你足夠強大，不容忽視。」

"Diplomacy is a mind game. You can't expect to make peace with your enemies unless you make them believe you are strong enough to not be ignored."

◆ 外交的心理戰：強硬的談判與權力遊戲

川普的外交哲學強調的是權力、影響力和談判技巧，這使得他將外交視為一場心理戰，而非單純的合作。從川普的觀點來看，外交不僅僅是兩國之間的妥協和協商，而是一場以優勢為基礎的權力遊戲。在這場遊戲中，談判的核心是如何讓對方感受到你所擁有的權力和影響力，並迫使對方作出讓步。

川普在處理國際關係時，總是強調「強者外交」，他深信只有展現出強硬立場，才能贏得他國的尊重和合作。這一點在他與北韓領導人金正恩、俄羅斯總統普丁、甚至歐盟及中國的對

第十一章　與世界為敵：外交決策的心理版圖

話中均可見端倪。川普的外交風格偏向「權力展示」，他將外交決策視為一場圍繞心理和權力的賽局。

從心理學角度來看，川普的外交風格與其強烈的權力動機與支配傾向密切相關。根據權力動機理論，某些領袖的行為不僅受政策與利益考量驅動，更反映其個人對主導地位與控制感的高度追求。這使得川普傾向將外交視為權力較量，而非制度性合作。對川普而言，外交的本質是掌握主動權，確保美國在全球事務中擁有最強的談判地位。他的策略強調威脅、懲罰和報復，並在必要時藉由退出國際協議或施加制裁來改變對方的行為。

◆ 合作與對抗：川普的外交雙重策略

川普的外交策略呈現出合作與對抗並行的雙重性。雖然他強調在某些領域需要合作，但他所提倡的合作總是建立在美國獲得最大利益的前提下。他與金正恩的會談便是一個典型的例子，儘管兩國之間存在深刻的政治和軍事對立，但川普依然強調與金正恩的合作，認為這是一種談判手段，有助於提升美國的國際影響力。

然而，這種合作並非傳統意義上的外交協商，而更多是一種利用對方的弱點來達成自己的目標。川普的外交策略反映了「談判即權力」的理念，即談判的核心不在於妥協和理解，而是讓對方相信在與美國的合作中，必須承認美國的強大地位，並

第四節　外交是心理戰，不是合作

作出讓步。

這樣的外交策略在國際上有時會被視為「霸權外交」，即透過強行逼迫對方接受不對等條件來達成所謂的合作。這樣的策略在短期內可能會取得一些成果，但長期來看，可能會削弱美國與盟國的信任，並使其他國家在面對全球議題時更加排斥與美國的合作。

◆ 外交談判中的心理操控：威脅與懲罰的運用

川普的外交風格還包括他對心理操控的運用。在與金正恩與普丁等強人領袖的談判過程中，川普常使用威脅與懲罰的策略來達成外交目的。這種策略可對應心理學中的操作制約理論（Operant Conditioning），該理論指出，透過懲罰與獎勵等行為後果的控制，能有效改變他人的行為反應。川普透過讓對方相信，美國能夠藉由經濟制裁、軍事壓力等方式對其進行懲罰，從而迫使他們在談判桌上作出讓步。

例如：川普對中國發起貿易戰時，透過對中國商品徵收高額關稅，向中國施加了強烈的經濟壓力，迫使其在某些貿易問題上作出了讓步。同樣，在與北韓的談判中，川普對金正恩的威脅主要集中在停止外交接觸和重新強化軍事壓力上，這樣的策略有效地將談判焦點轉移到了美國的條件上，並強化了川普的領導地位。

第十一章　與世界為敵：外交決策的心理版圖

◆ 合作的假象與外交的真相

儘管川普強調外交是合作的過程，但他往往在合作的外表下隱藏著強烈的單邊主義。對川普而言，外交合作的本質是單方面的權力交換，即使表面上顯示出合作的態度，實際上他始終將美國利益置於首位。這種策略不僅讓美國在一些領域獲得了短期的政治利益，也讓其他國家感到困惑，因為川普的行為往往與傳統的外交合作精神背道而馳。

這樣的做法將合作的真相隱藏在表面的談判中，而背後的實質性策略卻是如何保持美國的全球主導地位。對於其他國家而言，這種「合作」常常是基於強硬的條件，而非真正的互惠互利。這使得川普的外交模式更加具有心理戰的特徵，並且對美國的盟國關係和全球合作模式造成了挑戰。

◆ 外交是心理戰而非合作

川普的外交策略深刻展現了他對外交談判的獨特理解——外交並不是純粹的合作，而是一場以權力為基礎的心理戰。在這場心理戰中，川普運用了威脅、懲罰和強化行為的手段，透過操控對方的心理來達成美國利益的最大化。雖然這一策略在短期內可能取得成功，但長期來看，這種強硬的外交方式可能會導致美國在全球合作中的孤立，並破壞與盟國的信任基礎。

第五節　從 NATO 到 WHO：信任關係的破壞與操控

「如果你們不為自己做更多的事情，那麼美國就不會再為你們做。」
"If you're not doing enough for yourselves, America is not going to do it for you anymore."

◆ 北約（NATO）：信任危機與權力操控

　　川普上任後，對北約（NATO）的態度一直是強硬且挑戰性的。他批評北約成員國，尤其是那些未達到防務開支目標的國家，並威脅停止美國對北約的支持。川普的這一做法可以被理解為一種對外部世界的操控，利用對盟友的威脅來強化自己在國際事務中的主導地位。

　　從心理學的角度來看，這是川普利用「權力操控」的策略來塑造國際關係。他試圖透過挑戰北約成員國的貢獻，並將其外交政策建立在「交易主義」的基礎上，來強化美國的主導地位。川普的態度表現出「零和賽局」的心態，即只有當他能夠確保美國利益的最大化時，才能與其他國家進行合作。這種方式導致北約成員國對美國的信任下降，並對未來的合作保持懷疑。

　　心理學與組織行為研究指出，信任建立基於能力、善意與誠信三項核心要素。當一方未能履行承諾，或質疑對方是否具

第十一章　與世界為敵：外交決策的心理版圖

備責任與誠信,將導致信任機制的破裂,產生「信任危機」。川普的做法加劇了這一危機,導致北約的團結和信任遭遇挑戰。儘管美國在軍事上仍是北約的核心成員,但川普的行為讓盟國對美國的外交承諾產生了深刻的懷疑,並對美國在未來全球事務中的角色感到不安。

◆ 世界衛生組織（WHO）：全球領導地位的操控與挑戰

另一個顯示川普對信任關係破壞與操控的案例,是他對世界衛生組織（WHO）的態度。在 2020 年初的 COVID-19 疫情爆發後,川普對 WHO 的處理方式提出了嚴厲批評,並在 2020 年 5 月宣布美國將暫停對 WHO 的資金援助。川普的批評集中在 WHO 未能及時公開疫情資訊,以及其對中國政府的依賴上,川普認為 WHO 在疫情初期過度依賴中國的報告,錯失了控制疫情的最佳時機。

從心理學角度來看,川普的行為顯示出強烈的「操控需求」,這種需求驅使他在全球舞臺上重新塑造國際機構的功能,以符合美國的利益。他的這一行為可以被解釋為「投射理論」,即他將自身對中國的敵意和對疫情處理的不滿投射到 WHO 身上,並以此為理由對世界衛生組織進行批評與制裁。這樣的行為讓其他國家,特別是那些依賴 WHO 在全球公共衛生事務中發揮作用的國家,感受到不安和困惑。

第五節　從 NATO 到 WHO：信任關係的破壞與操控

川普的這一做法導致了美國與其他國家在全球衛生治理領域的合作關係惡化，並加劇了美國在多邊合作中的孤立。儘管川普聲稱這是為了讓世界衛生組織更加透明，但這一決策使得美國在全球公共衛生事務中的領導地位受到了質疑，並使得其他國家對美國的誠信與承諾產生懷疑。

◆ 信任關係的破壞與全球秩序的挑戰

川普對北約和 WHO 等國際機構的挑戰，不僅加劇了美國與其盟國的信任危機，也對全球秩序的穩定性構成了挑戰。信任是國際合作的基石，而川普的做法則直接破壞了這一基石。他的外交策略透過質疑國際組織的有效性來強化美國的主權優先，這無疑削弱了美國在全球多邊體系中的領導地位。

根據「全球治理理論」，國際機構在促進國際合作和維護全球秩序方面扮演著關鍵角色。當美國這樣的全球領導國家選擇不再信任或參與這些機構時，其他國家可能會尋求新的合作夥伴，從而打破傳統的全球合作結構。這種不信任的擴大，可能引發一系列的政治和經濟後果，使全球治理面臨更多的不確定性。

◆ 美國的孤立與全球新秩序的形成

川普的外交政策在美國選民中獲得了某些支持，尤其是那些認為美國應該遠離國際爭端和過度干預的群體。然而，這樣

第十一章　與世界為敵：外交決策的心理版圖

的孤立主義政策卻對全球秩序造成了深遠的影響。當美國選擇退出國際協定和削弱與盟友的關係時，其他國家必須填補美國留下的空白，這為中國等新興大國提供了更多的機會來重塑全球經濟和政治秩序。

隨著美國逐步退出全球多邊機構，全球將進入一個由新興大國主導的時代。這不僅是對美國外交策略的一種挑戰，也可能導致國際秩序的深刻變革，並使美國在全球舞臺上的地位逐漸衰退。

◆ 信任的破壞與全球領導地位的重塑

川普的外交行為顯示了他如何透過挑戰國際機構來重塑美國的全球地位。他對北約和 WHO 等機構的強硬立場，雖然在短期內能夠激發國內選民的支持，但也加劇了國際關係中的信任危機，並讓美國在全球多邊合作中變得越來越孤立。這一策略雖然反映了川普強烈的民族主義和主權保護心態，但長期來看，它可能會削弱美國在全球治理中的領導力，並加速全球權力格局的重構。

第十二章

川普與川粉：
領袖崇拜的心理結構

第十二章　川普與川粉：領袖崇拜的心理結構

第一節　忠誠者的心理特質剖析

「我的支持者從來都不是隨便的人，他們是聰明的，勇敢的，並且相信我的承諾。」

"My supporters are never random people, they are smart, brave, and they believe in my promises."

◆ 忠誠者的心理特質：個體與群體的連結

　　川普的忠實支持者（通常被稱為「川粉」）在美國政治中扮演了重要的角色。這些支持者的心理特質深刻影響了川普的政治運作和選舉策略。從心理學角度來看，川粉的忠誠不僅僅是基於川普的政治立場或政策，更多的是基於一種深層的心理連繫和情感依附。

　　根據「社會認同理論」，當個體認同某一群體時，他們的行為往往會受到群體的價值觀、情感和信念的影響。對川粉來說，支持川普意味著成為一個具有強烈政治和文化身分的群體的一員。這種認同感讓川粉感到自己是「美國優先」運動的一部分，是捍衛國家和價值觀的先鋒，這使得他們對川普的支持超越了普通的政治忠誠，轉化為一種情感上的依附和心理上的依賴。

　　這樣的心理依附不僅表現為政治支持，也表現在川粉對川普的崇拜和信任上。川普的言辭和行為常常被視為川粉心中「美

國真理」的代表，這讓他們對川普的忠誠無法輕易動搖。從心理學角度來看，這種忠誠通常建立在對領袖的「理想化」過程上，也就是說，川粉將川普視為能夠解決國家問題的救世主，並對他的言辭和行為給予極高的正面評價，甚至忽視他的一些爭議性行為和言論。

◆ 群體心理與集體情感的連結

川粉的忠誠也受到群體心理學的影響。群體中的每個成員往往會受到集體情感的驅動，並將自己的行為和信念與群體的價值觀相一致。在川普的支持者群體中，這種群體情感的力量極為強大，川粉之間透過共同的信念和情感建立了強烈的心理連結。這些群體認同和情感共鳴讓川粉的忠誠更具深度和持久性。

這種群體情感也可以解釋為何川粉往往能夠忽視川普的缺點和爭議。當川粉面對川普的爭議行為時，他們往往將其視為「反建制」或「反主流媒體」的表現，這樣的解釋有助於他們保持對川普的忠誠。這種情感的連結使得他們對川普的信任比對其他政治人物的信任更加深刻。

◆ 忠誠的心理代價：對批評的防衛性反應

然而，忠誠也帶來了心理上的防衛性反應。川粉對川普的忠誠往往使他們在面對外界批評時表現出強烈的防衛行為。當

第十二章　川普與川粉：領袖崇拜的心理結構

川普的行為或言論受到質疑時，川粉不僅會進行理性辯護，還會進行情感上的反擊。這種心理反應反映出「認知失調理論」，即當個體的信念與外界的事實不符時，為了減少內心的焦慮和不一致感，他們會調整自己的信念或解釋方式，以維護內心的和諧與自我形象。

川粉的這種防衛性反應使得他們對川普的支持變得越來越固守，並且難以受到外部批評或事實的挑戰。這樣的行為模式使得川粉形成了相對封閉的認知結構，這種結構在面對外界資訊時，往往過濾掉對川普不利的事實，從而加強了他們對川普的忠誠。

◆ 川粉的情感動員：群體認同與領袖的情感連繫

川普對支持者的情感動員起到了至關重要的作用。他巧妙地利用群體認同和情感共鳴，建立了與川粉之間的強烈連繫。他經常在集會上強調川粉是「選擇正確的一方」，並將他們塑造成捍衛美國價值的英雄。這樣的情感動員有助於川粉將自己的政治身分與川普的形象緊密連繫，並強化了他們對川普的忠誠。

從心理學的角度來看，川普對支持者情感的利用是一種「情感操控」。他利用人們對安全感和認同感的需求，讓川粉感到他們是歷史進程中的重要一環，這樣的情感依附讓川粉的忠誠不僅是對川普的支持，更是一種對美國未來的信仰。他成功地將群體認同與個人情感連接起來，進一步強化了川粉的忠誠度。

第二節　崇拜的建構：我不是你爸爸，我是你戰神

✦ 忠誠的心理結構

　　川粉的忠誠不僅是基於政治理念，更是一種深刻的情感依賴和群體認同。從心理學角度來看，這種忠誠的形成過程涉及到群體心理學、情感依附和認知失調等多重因素。川粉的忠誠是建立在對川普的理想化和情感共鳴的基礎上，這使得他們的支持變得深刻且堅定。川普透過情感動員和群體認同的塑造，成功地將選民的情感與自己的政治形象緊密相連繫，進一步強化了他在美國政治中的地位。

第二節　崇拜的建構：
　　　　我不是你爸爸，我是你戰神

「我不是你爸爸，我是你戰神。你們的勝利就是我的勝利，沒有我，你們什麼都不是。」

"I'm not your dad, I'm your warrior. Your victories are my victories, without me, you're nothing."

✦ 川普的領袖形象：從父權到戰神的轉型

　　川普在塑造自己領袖形象的過程中，成功地避開了傳統的父權領袖形象，而選擇了更具挑釁性和吸引力的「戰神」角色。

第十二章　川普與川粉：領袖崇拜的心理結構

他不僅要作為一位強大且果敢的領袖，還要成為支持者的精神象徵，讓每一位川粉都能將自己的勝利與他的領導直接掛鉤。

從心理學角度來看，川普的這種轉型可以理解為一種「崇拜建構」，即他故意塑造了自己作為救世主般的形象，並強化了自己對支持者的情感影響力。他將自己置於政治舞臺的中心，與支持者形成一種「非血緣關係的父子情誼」。這種情感連結使川粉不僅僅是支持者，還是他戰神般形象的崇拜者，將川普視為政治上無所不能的領袖，從而將個人命運與川普的政治成果緊密相連。

◆ 父權的缺失與戰神形象的崛起

在許多心理學研究中，領袖崇拜往往與父權形象的建立有關，然而川普並未依賴傳統的父權模式來吸引支持者，反而透過強硬、果敢和自信的行為，形成了一種更具挑戰性和威脅性的領袖形象。川普的成功之處在於，他清楚地知道在當代政治中，傳統的父權形象可能會顯得過於保守或過時，因此選擇打造一個更具吸引力的戰神形象，這不僅能夠激發選民的崇拜，也能讓他們感受到領袖是他們最強大的保護者和領航者。

在這種形象塑造中，川普用「我不需要擁有父親的特質，而是強者的特質」來勾勒自己的政治角色。他所要展現的，不僅是政治上的智慧，更是處事的決斷力和領導力，這些特質讓川普成為支持者心中的戰神。他的支持者不再將自己視為被動的接

第二節　崇拜的建構：我不是你爸爸，我是你戰神

受者，而是與川普一同在政治舞臺上打拚，成為了一場強者遊戲中的活躍參與者。

◆ 戰神崇拜的心理結構：忠誠與情感依賴

川普的崇拜模式建立在情感依賴的基礎上，這種依賴性表現為支持者對他的情感依附和信任。在川普的語言中，他不僅是政治領袖，更是一位賦予支持者無限力量的戰神。這樣的角色建構讓川粉將自己的價值與川普的成功相結合，並在心理上感到對他的支持是對自己價值的肯定。

根據社會認同理論與其領導力延伸模型，當群體成員將自身的身分與某位領袖相連結時，若該領袖被視為能體現群體價值與信念的代表，其在情感上將成為成員依附的對象。此時，領袖不僅是政策執行者，更是維繫群體認同的象徵性存在。川普巧妙地運用這一點，將自己打造成為政治戰爭中的「勝利者」，而川粉則在這場象徵性的「戰爭」中找到自己的位置，進一步加強了對川普的忠誠和崇拜。

這種崇拜並不僅僅是對川普政治成就的讚賞，更是一種情感的滿足和心理依附。支持者將川普視為他們在政治與文化領域中反擊主流文化和「建制派」的工具，川普則成為這場反叛的象徵與領袖。這種心態進一步強化了川粉對川普的無條件忠誠，使他們在川普的成功中看到了自己的價值。

第十二章　川普與川粉：領袖崇拜的心理結構

◆ 戰神崇拜與群體行為：川粉的集體行動

川普的崇拜不僅限於政治支持，還轉化為了群體行為的推動力。川粉的行為，往往具有高度的群體性，他們的集體行動不僅是出於對川普的支持，更是對自我價值的確認。在川普的領導下，川粉經常表現出強烈的集體情感，如在集會中的激烈表態、對川普政策的熱烈支持，甚至在選舉中的團結行動。

這一現象可以從「群體極化」理論中解釋。群體極化理論指出，當個體在群體中討論時，通常會出現行為和信念的極端化。在川普的支持者中，這種群體極化表現得尤為明顯，他們在群體中逐漸強化了對川普及其理念的信仰，並將這種信仰外化為具體的行為和政治參與。

川普的集會和公開演說，不僅僅是政治活動，更是一場集體情感的表達。這些集會和事件讓川粉得以在一個支持的群體中尋找到歸屬感，並強化了他們對川普的崇拜。從這個角度來看，川普的成功並非僅基於他的政策，更基於他能夠激發並維持這種情感與行動上的高度一致性，這使他成為一個超越傳統政治領袖的存在。

◆ 崇拜的建構與領袖角色的轉型

川普的崇拜並非單純基於政治立場的支持，而是一種深層的情感依賴和心理認同的過程。他成功地將自己塑造成「戰神」

般的領袖形象，這使川粉不僅將他的成功視為自己的勝利，還將川普視為能夠賦予他們力量的象徵。這種強化的崇拜結構不僅塑造了川粉的群體行為，也加深了他們對川普的忠誠，使其在政治過程中扮演了不可或缺的角色。

第三節　社會認同與角色投射的雙重關係

「我的支持者不是普通人，他們是勇敢的，是戰士，他們為了正義而戰，而我，就是他們的領袖。」

"My supporters are not just ordinary people, they are brave, they are warriors, and they fight for justice. I am their leader."

◆ 社會認同理論：川粉與川普的雙重心理連結

　　川普的支持者，簡稱「川粉」，並非僅僅因為對其政策的支持而聚集在一起。事實上，他們的支持深深植根於「社會認同理論」中，這理論認為，個體的自我認知往往來自其所屬的社會群體。川粉的身分並非僅是政治上的選擇，更是一種情感上的依附。他們將川普視為代表自己、代表美國的唯一領袖，這不僅展現在支持川普的政見，更展現在他們的社會身分認同中。

　　對於川粉而言，川普代表的不僅是政策，還是一種信仰和

第十二章　川普與川粉：領袖崇拜的心理結構

情感的依託。在川普的支持者群體中，這種認同感強烈地超越了對政治理論的認同，變成了對川普本人的崇拜，並透過這種崇拜來強化他們在社會中的地位與角色。這些支持者把自己與川普的成功連繫在一起，這樣的情感依附使他們的認同感更為穩固。

◆ 角色投射：川普的形象與支持者的自我實現

在川普的支持者群體中，角色投射是一種常見的心理機制。根據「投射理論」，人們傾向於將他們的情感需求、價值觀以及生活目標投射到某一具有權威或魅力的領袖身上。川普的支持者不僅是在支持川普的政策，更在某種程度上將自己的生活理想和期望寄託於他身上。對他們而言，川普的成功代表了他們自身的勝利，而川普的領導，則是他們在全球化浪潮中失落的身分和價值的救贖。

這種投射使川普成為他們生活中無可取代的存在。他們不僅追隨川普的領導，還將川普的形象轉化為自己身分的一部分。換句話說，川普的崇拜不僅僅是對外在政治領袖的崇拜，更是對一種精神力量的依賴。在川普的形象中，川粉看到了自己的理想與價值，這使他們的忠誠不僅是政治上的，還是心理上的。

第三節　社會認同與角色投射的雙重關係

◆ 社會認同與群體行為：集體動員的心態

　　川粉的集體行為，往往深受社會認同的驅動。當川普在選舉中獲得支持時，這不僅僅是對川普政策的支持，更是川粉對自身群體身分的認同。在這一群體中，川粉之間形成了強烈的情感連繫，並透過集體行動來表達他們對川普的忠誠和信任。這種集體行為讓川粉感受到與其他支持者的緊密連結，而這種情感的共鳴進一步強化了他們的認同感和忠誠度。

　　當川粉參加集會或投票支持川普時，他們不僅僅是在參與一場政治選舉，更是在透過這些行為來確認自己作為川普支持者的身分。這種群體行為使川粉的政治選擇與他們的個人身分緊密相連，從而進一步加強了他們對川普的忠誠。在這種情境下，川普的支持者並非僅因政策的呼籲而聚集，而是基於對川普的集體情感和對群體認同的需求。

◆ 角色重塑：川普與川粉的相互塑造

　　川普和川粉之間的關係是一種相互塑造的過程。川普透過塑造自己的領袖形象來影響川粉的社會認同，而川粉的反應和行為則進一步強化了川普的領袖地位。這種雙向的關係形成了一種心理回饋循環，使得川粉的忠誠不僅基於對川普的依賴，還是川普成功塑造自我形象的結果。

　　這種雙重關係的建立，讓川粉感受到自己在政治舞臺上的

第十二章　川普與川粉：領袖崇拜的心理結構

重要性，也讓川普能夠透過這些支持者來進一步塑造他的領袖形象。這種互動使川普與川粉的關係從一開始的政治支持，發展成為一種深刻的情感和心理依賴，形成了領袖崇拜的強大動力。

◆ 社會認同與角色投射的雙重動力

川普與川粉之間的關係深刻展現了社會認同與角色投射的雙重作用。川粉的忠誠並非僅僅基於對川普政策的支持，而是來自於他們將川普視為自我身分的一部分，並透過對川普的崇拜來強化自身的社會認同。這種深層的情感依附和集體行為，進一步強化了川普的政治地位，也使他與支持者之間形成了穩固的心理連繫。

第四節　政治靈性與現代迷信

「我並非只是你的政治領袖，我是你們的精神領袖，是你們信仰的象徵。」

"I'm not just your political leader, I'm your spiritual leader, I'm the symbol of your faith."

第四節　政治靈性與現代迷信

◆ 政治靈性：川普的崇拜性領導

　　川普的領袖魅力不僅在於他對美國政治的影響力，還展現在他在支持者心中所建立的「政治靈性」。這並不是傳統意義上的宗教性領袖，而是將自己塑造成一種能夠引領群眾精神方向的存在。川普的政治運動並不僅僅是基於政策的支持，而是讓川粉感受到一種精神上的依賴和認同。他的支持者將川普視為一個超越政治的象徵，一個可以代表他們情感和價值的領袖。

　　政治靈性這一概念反映了現代領袖如何利用自身的魅力和話語來吸引和維繫群眾的忠誠。川普不僅為自己的政策辯護，更試圖建立一種「政治信仰」，將他自己的成功與川粉的生活目標緊密相連。這種情感聯結並不僅是基於對具體政策的支持，而是建立在對領袖的深刻信任和崇拜之上。

　　從心理學角度來看，這種「政治靈性」的建立與心理學中的「認同與依賴」理論密切相關。人們在面對強大的情感領袖時，會不自覺地將自己的希望和理想投射到該領袖身上，並將其視為引導自己走向未來的領航者。這樣的依賴使得川普的支持者不僅將他視為政治領袖，更將他視為心理上的精神支柱。

◆ 現代迷信：川普的「信仰」建構

　　在川普的支持者中，有一種深刻的迷信性崇拜，這不僅是基於對川普的忠誠，更是將川普的言論和行為神化的過程。這

第十二章　川普與川粉：領袖崇拜的心理結構

種現代迷信不僅展現在對川普政策的無條件支持,也展現在對他的個人形象和「話語」的崇拜上。川普的每一次演講、每一次宣告,都被他的支持者視為政治「預言」,他所說的每一句話,都被視為行動的指引。

現代迷信的心理學分析認為,當個體在面對外界複雜與不可控的情況時,往往會尋找一個可以依賴的「超自然力量」,以幫助自己維持心理的平衡和安全感。在川普的支持者中,這一心理過程表現為對川普言辭的絕對信任,無論他的說法多麼不符合常規,川粉仍會將其視為絕對的真理,這是一種典型的「迷信」行為。

川普在選舉中的勝利,尤其是他在 2016 年的非正統競選方式和成功,為這種迷信性信仰提供了土壤。許多川粉將川普的成功視為「非理性」的奇蹟,並且堅信只有川普才能帶領美國走出困境。他的支持者將自己與川普的命運緊密相連,並將川普的政治行為視為自己生活成功與否的關鍵。

◆ 川普與精神領袖的雙重身分

川普在政治舞臺上的表現,往往混合了「領袖」和「精神領袖」的角色。他不僅在政治層面發號施令,也將自己塑造成一個能夠帶領群體突破困境的精神象徵。這一點在他的演講和公共發言中展現得尤為明顯。川普經常強調自己「代表人民的聲

第四節　政治靈性與現代迷信

音」，並將自己置於一個與民眾心靈相通的領袖位置。他的每一個政策、每一個行動，都被解讀為代表人民意願的表現。

從心理學角度來看，這樣的雙重身分使川普成為支持者心中一個「全能」的存在，他不僅能夠帶領他們實現政治願望，還能夠為他們提供情感支持和精神依託。這一角色的建構進一步強化了支持者對川普的崇拜，並使川普與他的支持者之間的關係超越了單純的政治支持，轉化為一種情感與精神上的深度依賴。

◆ 政治靈性與現代迷信的社會影響

川普所構建的政治靈性和現代迷信，對美國社會和政治文化產生了深遠的影響。這不僅改變了選民對領袖的看法，也影響了他們的政治行為和對公共事務的參與方式。在川普的領導下，支持者將政治視為一場信仰之戰，這使得政治不再僅僅是政策選擇，還是一場關於「真理」和「信念」的鬥爭。

這樣的改變使得美國的政治格局變得更加極端化和情感化，選民不再依賴傳統的政策分析和理性討論，而是更多地依賴他們對川普的情感依賴和信仰支持。這使得美國政治的討論氛圍變得更加極端和情緒化，並加深了社會中的分裂。

第十二章　川普與川粉：領袖崇拜的心理結構

◆ 政治靈性與迷信的交織影響

　　川普的政治策略成功地將自己塑造成一位領袖與精神象徵的雙重角色。他不僅在政治上贏得了支持，也在情感層面建立了深刻的依賴與崇拜。這一過程不僅是對川普個人形象的塑造，更是對選民情感的操控和動員。川普成功地將自己從一個政治人物轉變為一個精神領袖，這使得他的支持者不僅將其視為政治領袖，還將其視為心靈的依託和精神的指引。

第五節　支持川普，等於肯定自己：認知連結的魔法

　　「當你們支持我時，你們不僅支持我，而是支持你們自己，因為我代表著你們的夢想、你們的價值觀和你們的美國。」

　　"When you support me, you're not just supporting me, you're supporting yourselves, because I represent your dreams, your values, and your America."

◆ 認知連結：川普與川粉之間的心理魔法

　　川普的成功之一在於他巧妙地建立了自己與支持者之間的認知連結。這不僅是政治支持層面的連繫，更是一種情感和心

第五節　支持川普，等於肯定自己：認知連結的魔法

理上的連結，讓川粉覺得支持川普就是在支持他們自己，支持他們的價值觀與身分。這種認知連結使得川粉的忠誠不僅僅是基於對川普政策的同意，而是基於他們認為川普的勝利等同於他們的個人勝利。

這一過程反映了心理學中的「認知一致性理論」，即人們傾向於將外部世界與自身的信念和價值觀對齊，以維持內心的穩定與和諧。對川粉而言，支持川普就等於認同他們自己心中理想的美國，這種認同感讓他們在面對不確定的未來時，能夠感受到某種程度的控制和安全感。

這種「支持等於自我認同」的心態，使得川粉對川普的忠誠超越了對單一政策的支持，而是延伸到對川普形象的全方位認同。他們將川普視為自己理想中的美國的象徵，而川普的成功代表了他們自己的成功。這種認知連結是川普能夠動員大量選民的重要原因。

◆ 身分的重塑：川普如何改變支持者的自我認知

川普成功地利用選民對身分認同的需求，將自己塑造成支持者的代表。他不僅讓川粉感覺到自己在全球化浪潮中被邊緣化和遺忘，還讓他們透過支持他來重塑自己在美國社會中的身分。在川普的領導下，川粉不再只是普通的選民，他們被賦予了更高的使命感，成為了捍衛美國價值的「戰士」。

從心理學的角度來看，這是一種「自我效能感」的增強。自

第十二章　川普與川粉：領袖崇拜的心理結構

我效能感是指個體對自己在特定情境下成功完成任務的信念。川普的選民，尤其是那些覺得自己在美國社會中被忽視的群體，透過支持川普，獲得了在政治和文化上重建自我價值的機會。支持川普的行為成為他們在社會中重新獲得認同和尊嚴的方式，而這種認同感對他們來說，比任何政策本身都來得重要。

◆ 反建制的心態：川粉如何透過川普反映自身價值

川粉的支持不僅是對川普的忠誠，更是對反建制、反菁英主義的情感表達。許多川粉認為，美國的傳統菁英群體和政府體系忽視了普通民眾的需求，尤其是那些來自中低階層的工人和農民。在他們看來，川普是一位不受制於這些菁英體系的「外來者」，代表了普通人對抗政治機構的力量。

這種情感支持與「反建制情緒」密切相關。川普能夠激發川粉的這種情緒，讓他們覺得支持他不僅是對一個政治人物的支持，更是一場對現有體制的反擊。這不僅是一場政治選擇，更是一場關於身分、價值觀和尊嚴的鬥爭。川粉透過支持川普，實現了自己對社會不公的反應，並找到了情感上的出口。

這樣的情感投射，使得川粉的支持更加穩固，因為這已經不再是單純的政策支持，而是對他們社會角色和自我認知的深度認同。川普的成功意味著他們在這場「反建制」運動中找到了自己的位置，這使得川普的領導不僅限於政治上的勝利，還象徵著他們情感上的勝利。

第五節　支持川普，等於肯定自己：認知連結的魔法

◆ 政治領袖與心理需求的相互作用

川普的領導不僅是基於理性選擇，更多的是滿足了選民深層的心理需求。在川普的支持者心中，川普不僅僅是政治上的勝利者，更是他們希望看到的「救世主」，一個能夠代替傳統政治人物，為他們爭取權益的領袖。這種認知上的連結，使川粉對川普的忠誠形成了一個強烈的心理依賴，並將支持川普視為一種自我實現的方式。

川普的成功，正是在於他能夠理解並利用這一心理需求，將自己塑造成所有支持者心中的英雄。他讓支持者認為，支持他等於肯定了他們自己在社會中的價值和身分，這樣的認知連結使得川粉的支持變得更加深刻且持久。

◆ 認知連結的力量與忠誠的鞏固

川普與川粉之間的認知連結超越了單純的政策支持，進而觸及到更深層的身分認同和情感依賴。支持川普對他們來說，不僅是對政治觀點的認同，更是對自己社會身分和價值的確認。川普成功地將自己的政治形象與川粉的自我實現需求相結合，讓川粉的忠誠不僅在理性上得到了滿足，也在情感和心理上得到了強烈的迴響。

第十二章　川普與川粉：領袖崇拜的心理結構

第十三章

官司纏身與反擊心理：
法律是我情緒的武器

第十三章　官司纏身與反擊心理：法律是我情緒的武器

第一節　打官司是另一場選戰：攻擊型自戀者的反擊術

「我從來沒有害怕過打官司，事實上，我還覺得這是一場選戰，我不會停下來，直到我贏。」

"I've never been afraid of lawsuits, in fact, I think of it as another election. I won't stop until I win."

◆ 官司作為政治武器：川普的反擊策略

　　川普長期以來都被視為一位積極的商業競爭者，他的生活和事業充滿了爭議和挑戰，而其中不少爭議都涉及法律訴訟。對於川普而言，打官司不僅僅是解決法律糾紛的過程，更是一場政治選戰，這場選戰關係到他個人形象的塑造、政治生涯的發展，乃至整體公眾認同的爭奪。作為一位擁有攻擊性人格的領袖，川普在面對官司時，並不迴避對抗，而是以強硬的姿態迎接挑戰，並將其視為一個反擊的機會。

　　從心理學角度來看，川普的這種行為符合攻擊型自戀者的行為模式。自戀型人格的特徵之一是對挑戰和批評的強烈反應，這種反應往往表現為反擊而非妥協。對於川普而言，官司成為他展示「強者形象」的舞臺。他不僅將自己塑造成受害者，還成功地利用法律程序將其反擊策略發揮到極致，將自己從法律的

第一節　打官司是另一場選戰：攻擊型自戀者的反擊術

「受害者」轉變為積極進攻的「戰士」。

這種行為模式不僅反映了川普作為一個強勢領袖的自戀心理，還展現了他如何利用法律作為情緒武器來重塑公共形象，並加強對支持者的情感動員。

◆ 官司與選舉的雙重性：政治中的法律武器

川普將打官司視為另一場選舉，這一點尤為鮮明。在他眼中，法律訴訟是達成政治目的的一種手段，是一場公共形象戰的延伸。他利用官司來維護自己的形象，並將這些官司和政治鬥爭交織在一起。這種做法將法律訴訟轉變為一個媒體事件，讓每一次官司的開庭或審理成為公眾關注的焦點，從而進一步加強他在政治舞臺上的可見度。

這一策略的心理學基礎是「情緒反應理論」，即當個體面對挑戰或攻擊時，他們會用一種情感強烈的反應來保護自己並維護自己的形象。對川普而言，這些官司不僅是法律問題，更是情感和政治層面的挑戰，打官司的過程成為他展示個人力量、維護公眾形象和政治地位的途徑。這使得川普在面對官司時表現出的強硬態度，無論在支持者還是反對者心中，都留下了深刻的印象。

第十三章　官司纏身與反擊心理：法律是我情緒的武器

◆ 自戀與反擊：川普的攻擊型策略

川普的攻擊型自戀特質在他對抗法律挑戰的過程中表露無遺。自戀型人格常常表現出強烈的防禦性，並將自己視為「正義的化身」，他們無法接受任何形式的攻擊或批評，並且會以極端的反擊來維護自己的形象。這一點在川普面對官司時表現得淋漓盡致。

無論是在民事訴訟還是刑事案件中，川普總是選擇積極反擊，並且往往將官司視為一場全力以赴的戰爭。他不僅要求勝利，更希望透過勝利來打擊對手、鞏固自己在政治舞臺上的地位。這種反擊策略的背後，是他強烈的自戀心理：對川普來說，官司的結果不僅關乎法律公正，更關乎他是否能夠在這場戰爭中保持上風，並確保自己在支持者心中的無懈可擊的形象。

◆ 攻擊型自戀者的反擊心理學

在川普的反擊策略中，他往往將自己視為一位英雄，這是一個典型的攻擊型自戀者的行為表現。這些自戀者通常對自己的價值有極高的評價，並且極度敏感於外界對他們的批評。他們的防禦機制往往表現為「攻擊回擊」，這種行為模式旨在消除威脅，並鞏固自己的自我形象。

川普透過將自己與「受害者」角色相結合，進一步激發支持者的情感動員。他不僅將官司視為法律問題，更將其塑造為一

場反對「建制派」和「敵對勢力」的戰爭。這樣的策略讓川普在支持者中塑造了「英雄」形象,並讓他們感到自己在這場法律戰爭中不是孤單的,而是與川普一起作戰。這種情感上的共鳴進一步加強了川粉對他的忠誠。

◆ 打官司是另一場選戰

川普的反擊策略展示了他如何利用法律作為情緒武器,來達成政治目標和塑造個人形象。他的官司不僅是法律問題,更是一場政治選戰,一場為了維護自我形象而進行的全面攻擊。對川普而言,每一次官司的勝利都象徵著他在政治和心理上的勝利,這種情感動員和自戀反擊的策略讓他在面對外界挑戰時始終保持強硬姿態,並能夠在支持者中鞏固他的領袖地位。

第二節　「政治獵巫」與被害者角色的再塑

「這不僅是對我的攻擊,這是對所有美國人的攻擊。我是被政治菁英、媒體和建立派勢力迫害的受害者。」

"This isn't just an attack on me, it's an attack on all Americans. I am the victim of the political elites, the media, and the establishment forces."

第十三章　官司纏身與反擊心理：法律是我情緒的武器

◆ 政治獵巫：川普的被害者心態建構

川普在面對政治和法律挑戰時，經常將自己塑造成一個被迫害的英雄形象，他將所有的攻擊視為一場「政治獵巫」，這是一種典型的自戀型領袖策略。這種策略的核心在於將所有對自己不利的聲音和挑戰都視為陰謀，並進一步強化自己在支持者心中的「受害者」角色。

這種「政治獵巫」的心態讓川普在面對媒體批評、法律訴訟和政治對手時，不僅反擊對方的指控，還將這些挑戰轉化為對他個人以及他所代表的群體（即川粉）進行的集體迫害。這樣的心態使川普不僅僅是對外界攻擊的受害者，還將自己打造成一位戰鬥者，帶領群眾反擊敵人。

心理學中的「被害者角色」理論指出，當個體在面對挑戰或困境時，經常會將自己塑造成一個無辜的受害者，這樣的策略有助於激發同情和支持。在川普的情況下，這一策略讓他能夠吸引更多選民，尤其是那些感覺在全球化過程中被邊緣化的群體。川普的受害者角色，使他能夠喚起這些群體對「政治菁英」的憤怒，並將這種憤怒轉化為對自己忠誠的支持。

◆ 被害者角色的再塑：強化群體情感

川普成功地將自己的被害者角色轉化為一種群體認同的工具。他不僅宣稱自己是政治攻擊的目標，還讓自己的支持者認

第二節 「政治獵巫」與被害者角色的再塑

為他們也被同樣的勢力所迫害。這種心理上的共鳴使川普能夠將自己的個人困境與選民的集體情感相結合，從而創造了一種強烈的情感連繫。

這一策略可以從「集體情緒」來解釋，該理論認為，當一個群體的情感得到強烈共鳴時，該群體會將其情感與領袖的行為和形象深度融合。川普將自己塑造成與選民同仇敵愾的「受害者」，讓選民感受到與他共同面對敵對勢力的情感連結。這樣的情感動員進一步加深了川粉對川普的忠誠，使得川普的支持者不僅是政治選擇上的跟隨者，還是情感上的同盟者。

◆ 法律攻擊與情緒動員：打擊敵人、凝聚群體

川普利用法律攻擊不僅是為了自己的利益，更多的是為了激發支持者的情緒。每當面對法律訴訟或政治指控時，川普都會將其視為對他個人的攻擊，並進一步強化這種情緒動員。他不僅強調自己是無辜的受害者，還將這些攻擊描繪為對美國基礎價值的威脅，這樣做讓支持者不僅是在支持一個政治人物，而是參與到一場「保衛美國」的戰爭中。

這種情緒動員是川普反擊策略中的關鍵。他成功地將法律爭議轉化為政治鬥爭的一部分，並使川粉相信他們的支持不僅是對個人政治理念的支持，更是對整個美國未來的捍衛。這樣的情緒動員讓每一場官司都變成了選舉中的一次戰役，讓支持

第十三章　官司纏身與反擊心理：法律是我情緒的武器

者感到自己是這場戰鬥的參與者，從而加深了他們對川普的情感依附。

◆ 被害者與攻擊者的雙重角色：川普的心理戰

在川普的策略中，被害者角色和攻擊者角色是並行存在的。他一方面將自己塑造成政治上的受害者，另一方面，他也在強烈反擊那些他認為是威脅的對手。這種雙重角色的扮演，使得川普能夠在面對法律和政治挑戰時，依然保持強硬姿態，並向支持者傳遞出「戰鬥到底」的訊息。

這種雙重角色的策略展現了川普作為一位自戀型領袖的典型行為。他將自己放在兩極化的情境中，一方面是受害者，另一方面是堅決的攻擊者。這樣的角色塑造不僅強化了川普在支持者心中的英雄形象，也讓他在面對敵對勢力時顯得無所畏懼。這種心理戰術使得川普能夠在逆境中穩固自己的領導地位，並讓支持者更加堅定地站在他的一邊。

◆ 政治獵巫與被害者角色的再塑

川普的「政治獵巫」策略成功地將他自己塑造成一個不斷被攻擊的英雄，並將這種被害者角色轉化為政治上的優勢。他利用法律訴訟和政治挑戰來激發支持者的情感，並將這些挑戰描繪為對美國價值的威脅。這使得川普的支持者不僅在政治上支

持他,更在情感上與他深度連結,將自己的命運與川普的勝利緊密相連。

第三節　法律體系與情緒動員的交叉

「在這場鬥爭中,法律不僅是我的武器,它是我情緒的鋼鐵護盾。每一場官司,都是我打擊敵人的機會。」

"In this battle, the law is not just my weapon, it's the iron shield for my emotions. Every lawsuit is an opportunity to strike back at my enemies."

◆ 法律作為情緒的武器:川普的法律反擊術

川普將法律不僅視為解決爭端的工具,更視為情緒動員的利器。在面對不斷的訴訟和調查時,川普巧妙地將每一次法律挑戰轉化為一場政治鬥爭,將自己塑造成一個被政治菁英和建制派迫害的受害者。這種策略並不僅僅是法律防禦的需要,而是他情緒反擊的核心手段。

這一策略可從情緒防衛與自我保護的心理機制來解釋。心理學研究指出,當個體面臨挑戰或攻擊時,常會產生強烈的情緒反應,以維護自尊與形象完整。這些反應不僅具有保護功能,也可能轉化為公開反擊或語言操控等策略行為。在川普的情境

第十三章　官司纏身與反擊心理：法律是我情緒的武器

中，透過對法律訴訟的巧妙操作，他能夠有效地調節自己的情緒，並且將這些情緒反應轉化為政治動力。他將每一次訴訟視為一次情感宣洩的機會，並透過這種情感的表達來加強自己在支持者心中的領袖形象。

例如：川普在面對每一場官司時，會強調自己是「唯一」被如此攻擊的領袖，他透過這種強烈的情緒語言來激發選民的情感，使得法律爭議不僅僅是法律層面的問題，更變成了對其支持者的情感動員。這樣的情緒動員不僅在選舉中發揮了作用，也讓川普在公眾的眼中保持強硬而無懈可擊的形象。

◆ 法律與群體情感：情緒的集體化

川普將自己在法律上的遭遇和支持者的情感需求進行了巧妙的結合。他不僅讓自己的法律問題成為自己反擊敵對勢力的舞臺，還將其上升為一個群體情感的象徵。在每一次的法律挑戰中，他都會強調這不僅是他一個人的戰爭，而是與所有感到被忽視和邊緣化的美國人共同作戰。這樣的情緒訴求讓川粉將自己的命運與川普的命運緊密連繫，並激發了集體情感的力量。

這種情緒的集體化展現了「集體情緒共鳴」的心理機制。研究指出，當群體中個體的情感需求被共享與認可時，這種情緒共鳴能夠強化群體認同、提升凝聚力，並顯著放大集體行動的能量。川普的策略使得他不僅能夠動員支持者的情感，還能夠

第三節　法律體系與情緒動員的交叉

將他們的情感與他自己的勝利緊密相連，這使得川粉不僅是川普的支持者，更是與他同仇敵愾、共同承擔政治鬥爭的戰士。

◆ 法律程序作為情緒調動的工具

川普將法律程序當作一個極其有效的情緒調動工具。他在面對官司時，經常會強調自己面對的是政治鬥爭中的「攻擊」，而這些攻擊源於建制派勢力對他和普通民眾的打壓。每當面對新一輪的調查或訴訟時，川普都會將這些事件呈現為一場激烈的「政治戰爭」，並透過法律程序來激發支持者的情感反應。

這種情緒反應往往表現為對川普的無條件支持。在這種情況下，川粉的支持並非來自於理性分析，而更多是基於情感上的動員和對川普所扮演角色的認同。川普不僅是選民心中的政治領袖，更是情感和信仰的化身，他透過每一場官司讓支持者感到，他們不是孤單的，與川普一起抗爭的，是所有感到被邊緣化的美國人民。

◆ 法律與政治的雙重交織：川普的情感動員策略

川普的法律反擊不僅僅是在法律層面上進行防禦，更多的是一場政治層面的情感動員。他成功地將法律訴訟和政治選舉交織在一起，讓每一次的官司都成為他向支持者展示自己堅強、果敢形象的舞臺。他的每一次出庭或發表言論，都被支持者視

第十三章　官司纏身與反擊心理：法律是我情緒的武器

為對政治菁英和媒體的反擊,並進一步加深了他們的情感投入。

這一策略的心理學基礎可從「預期情感理論」與「情緒價值預測」來理解。根據這些理論,個體在做出行為決策時,往往會評估哪些選擇能帶來最大程度的情緒回報,如滿足、解脫、認同或報復等。這種「情感計算」驅動了選擇與行動,特別在政治動員與領袖支持中表現得尤為明顯。對川粉而言,支持川普不僅是理性上的選擇,更是情感上的需求。川普的每一場官司,無論結果如何,對川粉來說,都成為了情感的宣洩,並進一步加強了他們對川普的忠誠。

◆ 法律與情緒動員的交叉影響

川普將法律訴訟和情緒動員結合在一起,將法律程序轉化為情感動員的工具。他不僅利用每一次的法律挑戰來強化自己的形象,還將這些挑戰視為與政治菁英鬥爭的象徵。這種策略使得他能夠在面對法律攻擊時,仍保持強硬姿態,並且在支持者中繼續鞏固他的領袖地位。每一次官司都成為川普情感動員的契機,讓他能夠繼續激發支持者的情感,並將自己打造成不敗的政治戰士。

第四節　誰在審判誰？民粹司法的心理劇場

「我不只是面對法官，我面對的是整個系統，這是對人民的審判，對我來說，這場官司就是一場政治鬥爭。」

"I'm not just facing the judge, I'm facing the whole system. This is a trial of the people, and to me, this lawsuit is a political battle."

◆ 民粹司法：川普如何將司法體系政治化

　　川普在面對無數的法律挑戰時，經常將司法過程視為一場「民粹政治戰爭」，這種戰爭的核心是他與所謂的「體制」對抗。川普不僅將法律挑戰視為對自己政治生涯的威脅，還巧妙地將每一場訴訟轉化為對政治菁英、媒體和司法機構的攻擊。他聲稱自己和支持者並非僅僅在面對法律，而是要挑戰整個權力體系，這使得每一場官司都變成了他在支持者心中捍衛「人民」的象徵。

　　從心理學的角度來看，這種策略反映了川普如何將司法體系政治化，將其視為民眾與建制菁英之間的衝突。對川普而言，每一次的審判都不僅是個人的法律問題，更是一次群眾動員的機會。他透過將司法過程轉變為政治事件，成功地激發了

第十三章　官司纏身與反擊心理：法律是我情緒的武器

支持者對「體制腐敗」的反感,並把自己塑造成一位捍衛普通人利益的英雄。

◆ 法庭作為民粹政治的舞臺

在川普的策略中,法庭不僅是法律爭議的解決場所,更成為了政治衝突的戰場。他經常將自己與支持者的遭遇描述為與「建制派」對抗的過程,並強調自己所面對的審判並不僅是法律層面的,而是民眾與權力機構之間的一場較量。川普利用法庭作為民粹政治的舞臺,讓每一場官司都變成了他向「菁英」勢力挑戰的機會。

這樣的策略有助於川普進一步加強與支持者之間的情感連結,因為他不僅在法庭上為自己辯護,更是在為他們的權益和尊嚴進行抗爭。他的這種行為符合「民粹主義情感動員」的概念,即領袖利用群體的不滿和情感需求來創造集體行動的動力。在這樣的情境下,川普不僅是自己個人的辯護者,更是群體權益的代表。

◆ 司法機構的操控與媒體戰爭

川普在面對司法挑戰時,經常批評法院和法官的立場,並將其判決視為政治偏見的產物。他曾公開指責某些法官在審理案件時偏袒反對派,這使得他不僅將司法體系納入了政治化的

第四節　誰在審判誰？民粹司法的心理劇場

框架，也讓民眾將司法機構視為被操控的政治工具。這種行為不僅挑戰了司法的獨立性，也進一步激化了川粉對司法體系的敵對情緒。

這種「司法不公」的訴求在川普的支持者中獲得了極大的共鳴，尤其是那些感覺自己在現代社會中被邊緣化的選民。他們將川普的法律鬥爭視為一場對抗不公和體制腐敗的戰爭，而川普則成功地塑造了自己作為捍衛正義和打擊腐敗的領袖形象。

◆ 司法與群體情感：法庭上的情感對抗

每一次的法律挑戰和官司，都讓川普能夠在支持者心中加深他「為人民奮鬥」的形象。從心理學角度來看，這種情感動員和群體動員的力量極為強大。川普利用法律和司法系統作為情感上的對抗場所，將自己塑造成一個為弱勢族群、為美國普通人爭取權益的英雄。

川普巧妙地利用群體的情感需求，使得每一場官司成為支持者情感宣洩和政治立場表達的機會。當川普面對挑戰時，他的支持者將自己的情感投入到這些挑戰中，並將其視為對自身政治身分的捍衛。他們對川普的支持，便不僅是對一個政治人物的認同，而是對一種情感和價值觀的共鳴。

第十三章　官司纏身與反擊心理：法律是我情緒的武器

◆ 民粹司法的心理劇場：政治與法律的交織

川普的法律鬥爭並非單純的司法問題，而是一場民粹政治的心理劇場。在這場戲劇中，川普透過將自己塑造成「人民的領袖」，成功地將每一場官司轉化為支持者情感的一部分。這樣的政治操作不僅能夠激發支持者的忠誠，還讓每一次的官司都成為他反擊政治對手和媒體攻擊的一個機會。

這種策略的核心在於利用群體的情感來達成政治目的，讓每一場法律審判都成為民粹政治的展現，並透過這些情感的反應來強化自身的政治地位。對川普而言，這些法律挑戰不僅是對他的個人攻擊，更是對整個政治體系的挑戰，這讓他能夠在群眾中建立起強大的情感支持。

◆ 法庭作為民粹政治舞臺

川普將每一場法律挑戰轉化為民粹政治的舞臺，成功地激發了支持者的情感和對體制的反感。他將自己塑造成一個為人民奮鬥的英雄，並利用每一場官司來強化自己作為民粹領袖的形象。這樣的策略使得他在面對司法挑戰時，能夠有效動員支持者的情感，並讓每一場官司成為他向建制派反擊的有力工具。

第五節　被審判的不只是川普，而是川普支持者的信仰

「這不僅僅是我的戰爭，這是我們所有人的戰爭。當他們審判我，他們也在審判你們的信念和價值觀。」

"This isn't just my battle, it's all of our battle. When they judge me, they're also judging your beliefs and your values."

◆ 法律挑戰與信仰的交織

　　川普在面對多重法律挑戰時，從未單純將其視為個人的法律問題，而是將其上升為一場「信仰之戰」。這種戰爭不僅關乎他的個人命運，更關乎他所代表的群體和支持者的價值觀。每一次的訴訟，川普都強調它不僅是對他個人的攻擊，更是對川普支持者核心信仰的審判。他成功地將這些法律挑戰框架化為「民眾對抗菁英」的象徵，讓支持者感到他們並非在支持一位政治人物，而是在捍衛自己生活中的價值和信仰。

　　從心理學角度來看，川普這一策略利用了「認同的深度情感連繫」，支持者不再僅僅將川普視為一個政治人物，而是視為他們所信仰的象徵和保護者。每當川普面臨審判，他的支持者便感到自己也被挑戰、被審視，這使得他們的忠誠和情感投入變得更加深刻。

第十三章　官司纏身與反擊心理：法律是我情緒的武器

這一過程反映了「情感共鳴」，即當人們的信仰和情感被一個具象化的領袖代表時，他們將把這些情感投射到領袖的成功與失敗上。川普將這種情感依附轉化為一種集體動員的力量，使得每一次的官司都成為支持者強烈情感表達的場域。

◆ 司法審判作為價值審視

每一次的法律挑戰對川普來說，不僅是針對他個人的審判，也是一場關於美國政治、文化、甚至精神層面的審視。川普透過這些官司傳遞出一個訊息：這場戰爭不僅關乎他是否能夠逃脫司法制裁，更關乎他所代表的價值是否能夠在當前社會中繼續存在。他以受害者的身分將自己塑造成「人民的代表」，並暗示這些官司背後的動力是對「美國精神」的攻擊。

這使得川普的支持者不僅在法律問題上與他保持一致，更在精神和價值層面與他保持高度的共鳴。對川普的支持，對很多川粉來說，已經不再是理性選擇，而是一種深層的情感依附和身分認同。每當川普面對法律挑戰時，他們就將這場挑戰視為對自己信仰和生活方式的攻擊，這使得川普的「審判」成為他們信仰的審判。

第五節　被審判的不只是川普,而是川普支持者的信仰

◆ 反擊的信仰建構:
　支持者如何透過川普進行自我認同

　　川普的支持者往往將自己的生活和信仰與川普的政治形象緊密相連繫。當川普被審判時,他的支持者不僅感到個人情感的挑戰,更深深地感到自己的世界觀和價值觀受到威脅。因此,川普的每一次官司,對他們來說,都是一場為自己信仰、價值和生活方式而奮鬥的機會。

　　這一情況反映了「身分認同理論」中的「自我保護機制」,即當個體的自我認同受到威脅時,他們往往會表現出強烈的防衛行為。在這裡,川普成功地將自己與支持者的身分緊密相連,讓每一次的法律挑戰變成他們共同抵禦社會和政治不公的舞臺。支持川普不僅是支持一個政治人物,還是支持一種關於自由、權利和美國文化的信仰體系。

◆ 政治與情感的交織:川普與支持者的共同命運

　　川普的成功之處在於他能夠將自己的政治鬥爭與支持者的情感需求相交織。他不僅將自己塑造成「反建制的戰士」,還將這場戰爭的核心放在「人民」的價值上。川普的支持者對他的忠誠,逐漸變成了對一整套價值觀的支持——這些價值觀包括愛國情懷、反菁英主義和對傳統文化的捍衛。

第十三章　官司纏身與反擊心理：法律是我情緒的武器

每一次的訴訟對川普來說，都是一個情感上和政治上雙重打擊的機會。當他面對挑戰時，他的支持者並不僅是旁觀者，他們也會將自己視為這場鬥爭的一部分。他們對川普的支持，逐漸成為對整個美國未來和自我認同的維護。他們看待川普的成功，不僅是他個人的勝利，更是他們群體信仰的勝利。

◆ 被審判的不只是川普，而是川普支持者的信仰

川普的每一次法律挑戰不僅是對他個人的攻擊，更是對支持者信仰的挑戰。他成功地將自己塑造成一個象徵，不僅代表了自己，也代表了所有支持者的價值觀和文化認同。當他面對審判時，支持者也同樣感到他們的信仰和身分正在被審視，這使得每一次的官司都成為了一場政治與情感的雙重戰爭。川普的反擊不僅是對自己個人命運的捍衛，更是對他所代表的信仰體系的捍衛。

第十四章

拜登的美國 vs. 川普的遺緒

第十四章　拜登的美國 vs. 川普的遺緒

第一節　拜登領導風格的「心理對照組」

「我將打擊那些反對我們的人，無論他們是誰，無論他們是什麼身分，這是我們的國家。」

"I'm going to hit those who oppose us, no matter who they are, no matter what their status, this is our country."

◆ 1.1 拜登的領導風格：理性與穩定性

　　與川普的領導風格截然不同，拜登的領導風格建立在理性與穩定的基礎上。他的政策目標是重建美國的國內外信任，並以和解與團結為核心，試圖從川普時代的極端分裂中找到恢復之道。拜登強調共識政治，倡導減少社會分歧，並鼓勵基於理性討論來解決爭端。

　　從心理學的角度來看，拜登的領導風格與川普的情感操控式領導有所區別。川普的領導通常依賴強烈的情感激發，例如激怒群體情緒或激發對敵人的仇恨。而拜登則試圖透過冷靜和務實的表達來平息社會中的緊張情緒。他的風格旨在讓民眾感受到穩定性與理性，並且以理智的方式應對日益分化的社會問題。

　　然而，這種理性風格也面臨挑戰，特別是在川普的強烈情感驅動下，部分支持者對拜登的冷靜反應感到缺乏激情與力量。

第一節　拜登領導風格的「心理對照組」

拜登的挑戰是如何將理性和情感結合，既保持冷靜的領導，也能夠觸及民眾內心的情感需求。

1.2 川普的情感操控與行動主義：兩者的對比

川普的領導風格深植於情感操控與行動主義。他善於利用群眾的情感波動，無論是激發對政治對手的仇恨，還是喚起對所謂「外來威脅」的恐懼。這種風格使得他的支持者對他有著強烈的情感依賴，並且在每一次衝突中，川普都能夠用鮮明且具感染力的言辭來激勵群眾。

與此不同，拜登的風格則較為冷靜理性，強調根據事實來制定政策。拜登不會像川普那樣，選擇利用煽動性的語言來激發民眾情緒，而是偏好透過深入的政策討論和團結的話語來重建民眾的信任。川普的領導風格具有很強的情感驅動力，他的支持者往往被熱情、對抗和強烈的領袖形象所吸引。而拜登則主要依賴理性、平和的方式來吸引選民，並透過穩定和信任來減少社會中的分歧。

然而，這種理性風格並非對每個選民都能夠打動，尤其是在面對日益分化的選民群體時，拜登需要更多的策略來克服這一挑戰。他必須在情感與理性之間找到一個平衡點，來處理當前美國社會中的裂痕，並重新塑造國民的共識。

1.3 影響領導風格的心理學：從信任到威脅

領導風格的轉變不僅僅是個人風格的問題，它也深刻影響了國家集體心理的塑造。川普的領導風格，尤其是他的對立與威脅性言辭，使得選民的情感更多地被恐懼和憤怒所驅動。許多支持川普的人，尤其是在他任內的末期，將美國視為處於外部威脅之中，並認為只有一個強勢領袖，像川普這樣的人，能夠保護他們的利益。這種情感動員具有極強的心理效應，它促使支持者對川普抱有極高的忠誠。

拜登的風格則強調修復這種情感裂痕，並試圖讓美國民眾從過去的恐懼和憤怒中解脫出來。拜登認為，理性與理解將有助於減少政治敵對，並尋求一種更為和諧的國家發展模式。然而，這樣的風格並未能完全消除川普對國民心靈的影響，部分川普支持者依然認為只有強硬、富有決斷力的領導才能解決國家面臨的問題。

1.4 拜登的團隊合作精神與川普的個人主義

拜登的領導風格突出團隊合作，他相信透過集體努力可以解決問題，而不是依賴單一領袖的決策。拜登經常強調自己並非個人英雄，而是透過建立強大團隊來實現政策目標。這種風格強調溝通、協作以及處理分歧的能力。

第一節　拜登領導風格的「心理對照組」

　　與此相比，川普的風格更多展現為個人主義。他經常表現出一種「我為你們做決策」的領導方式，並強調個人意志的重要性。川普將自己的形象建立為國家唯一的救世主，並對國家的政策決定施加強烈的個人影響力。他不依賴團隊的合作，而是根據自身直覺和意志來推動決策，這種方式無疑加劇了政治中的對立與分裂。

◆ 1.5 拜登與川普：情感反應與群眾需求的不同

　　在拜登和川普的領導風格中，情感的訴求是極為重要的。川普的領導風格激發了強烈的情感反應，尤其是那些感受到經濟與社會變動威脅的群體。川普成功地讓他的支持者感到，自己處於一場與全球化勢力及「菁英」作對的政治鬥爭中。他的支持者看重的是一種熱情的領導，並願意為了他所代表的「反建制」理念而奮鬥。

　　拜登則更注重理性與情感的平衡，並強調透過共同努力來解決問題。然而，這樣的風格在面對極端情緒化的選民時，往往顯得不足以激發他們的強烈忠誠。拜登需要在保持理性與冷靜的同時，更多關注民眾對情感上的需求，並尋找建立情感共鳴的有效方式。

第十四章　拜登的美國 vs. 川普的遺緒

第二節　民主黨的理性敘事與群眾情緒的落差

「我將帶領美國重新回到正軌,帶回理性與正義,這是我們必須重拾的道路。」

"I will lead America back on track, bringing back reason and justice, this is the path we must reclaim."

◆ 2.1 民主黨的理性外交政策：川普與拜登的政策對照

在外交政策上,拜登和川普的領導風格截然不同。川普的外交政策強調「美國優先」,他選擇透過一系列高壓手段和單邊行動來確保美國的利益,無論是在貿易、軍事還是外交關係上,他經常採取強硬和直截了當的立場。川普對傳統盟友和國際機構的挑戰,以及他與其他大國的對抗,展現了他的衝突型外交風格。

而拜登則強調恢復與盟國的合作,強調多邊主義,並尋求透過對話和談判解決全球問題。拜登的外交政策注重理性決策,尋求以外交手段解決問題,並努力重建被川普政府破壞的國際關係。他強調要重建與傳統盟友的信任,並在全球舞臺上重新確立美國的領導地位。

第二節　民主黨的理性敘事與群眾情緒的落差

這種外交政策的對比，不僅反映了兩位領袖的不同風格，也揭示了他們各自對外交與國際秩序的基本態度。川普的外交政策多數基於感情和短期利益，而拜登則強調理性和長期策略的平衡，這使得兩者在國際間的行為模式大相逕庭。

2.2 群眾情緒的動員：
川普式情感操控 vs. 拜登的理性治理

川普在治國和外交政策上，利用群眾的情緒動員成為其領導方式的核心。他透過煽動群眾對外部威脅的恐懼，進一步加強自己的支持基礎。他對中國、非法移民等問題的情感化表述，讓選民感受到危機，從而激發出強烈的支持。

相較之下，拜登的理性治國風格往往缺乏川普那種激烈的情感驅動，這使得他在面對部分選民的情感需求時，顯得比較保守。拜登在公開演講和外交政策中，重點強調的是共識與合作，並試圖消弭分裂，這與川普的強烈對立風格形成了鮮明對比。拜登的領導風格是建立在理性、平和的溝通基礎上的，這種風格雖然能促進政策穩定性，但往往難以激發那種激烈的情感依賴和忠誠。

然而，這也讓拜登面臨了挑戰，尤其是在面對那群對川普充滿情感忠誠的選民時。拜登的支持者可能會因為過於理性的政策表達而感到難以與其形成情感上的共鳴，特別是當群眾情緒不滿時，這種風格可能使他顯得不夠激進或不足以改變現狀。

第十四章　拜登的美國 vs. 川普的遺緒

◆ 2.3 拜登的統一語言：如何彌合民意中的裂痕？

在選舉過程中，拜登強調「團結」和「治癒」，並將這些價值作為自己領導的基石。他的語言致力於彌合美國社會中的分裂，並表達對各方利益的關注。然而，拜登面對的挑戰是如何在保護理性治國的同時，照顧到群眾情緒中的需求。他的理性語言往往偏重於政策層面的具體討論，這與川普能夠激發群眾情緒的強烈語言有著明顯的差異。

拜登強調回歸「政治正義」與「團結」，但對於那些在川普時期感受到情感強烈吸引的選民來說，這樣的語言未必能夠填補他們的情感需求。在此情況下，拜登需要在理性和情感之間找到一個平衡點，既能保持理性治理的立場，又能觸及選民內心的情感世界。

◆ 2.4 民主黨理性敘事與極端情緒的碰撞

拜登與民主黨的理性敘事經常與極端情緒的群體發生碰撞。在川普領導下，許多選民的情感被極大地激發，這種情感訴求主要基於對現有體系的抗議，並且表現為極端的反建制情緒。相比之下，拜登的理性語言難以激起相同層次的情感共鳴。這種差異使得兩位領袖的支持者心理結構迥異，並且在政策執行過程中也造成了極大的社會張力。

第二節　民主黨的理性敘事與群眾情緒的落差

　　在現今的美國，許多人依然處於極端情緒的狀態中，特別是在經濟、種族和文化的問題上。拜登面臨的挑戰是如何將這些情緒引導回理性討論的軌道，而不會讓這些情緒拖慢或阻礙他的政策推進。他必須克服這些情緒性挑戰，並找到一種方法來實現群眾的情感需求，這也是拜登領導的心理難題。

2.5 群眾情緒的失控：
川普時期的情感操控如何影響拜登的執政？

　　川普時期的情感操控方式對美國社會的情緒結構產生了深遠的影響。川普透過強烈的語言、激烈的對立和群眾動員，將情感化的領導風格深入人心，使得一部分選民對他建立了無法撼動的忠誠。當拜登上臺後，他試圖帶來穩定與理性，但在群眾情緒的失控面前，這樣的風格往往顯得難以對應。

　　拜登的挑戰在於如何有效地處理川普所激發的這些情感，並把這些情感重新導向建設性的政治行為，而非回到分裂與對立的情緒中。他需要平衡治療社會裂痕和保持冷靜理性之間的微妙關係，這對於他在執政過程中的心理與情感管理將是一個長期的挑戰。

第十四章　拜登的美國 vs. 川普的遺緒

第三節　川普在野的陰影操作術

「即使我不再是總統，我依然會繼續戰鬥，為了美國的未來，為了讓我們再次偉大。」

"Even if I'm not president anymore, I will continue the fight, for America's future, to make us great again."

◆ 3.1 川普的「在野領袖」角色：反擊與情感動員

即使在川普卸任後，他的影響力仍然強大且持續，尤其是在美國的右翼政治中。川普的在野角色並沒有讓他沉寂，相反，他依然利用自己的名聲和情感操控技巧繼續對抗美國的政治體系。他透過社交媒體、集會和演講，繼續發出強烈的政治訊息，並且在一定程度上繼續主導共和黨的政治方向。

川普將自己視為「在野領袖」，並且巧妙地利用這一身分進行反擊。他批評拜登政府的政策，指責其在經濟、外交和移民等問題上的失敗。川普不僅僅是批評現有政府，更是試圖激發群眾的情感，將其塑造為一場「我們與他們」的戰爭，這使得他能夠維持一個龐大的支持群體。這一策略讓川普在媒體和政治領域中保持了相當的影響力，並且讓他能夠在政治舞臺上依然扮演重要角色。

3.2 川普如何利用群眾情緒影響拜登政府

川普的情感操控不僅限於自己的支持者，還延伸到了對民主黨的攻擊。他透過挑戰拜登政府的每一個政策，特別是在經濟、移民和公共健康等領域，來強化自己在民眾中的形象。川普的支持者將他視為「反建制的英雄」，這樣的情感動員使得拜登政府難以全面平息社會的不滿。

此外，川普在社交媒體上的活躍，以及他對各種政治問題的強烈立場，將他的言論與行動變成了民主黨無法忽視的政治壓力。每一次川普發表演講或發推特，都可能引發大量的討論和反應，這使得拜登政府必須以某種方式回應這些挑戰。川普的操作術展現了他如何透過情感操控來繼續在政治舞臺上占據重要位置，並讓拜登政府在公共政策和政治信任上面臨持續的壓力。

3.3 川普的社會心理操控：攻擊性策略與公眾認同

川普在政治鬥爭中的一大策略便是利用攻擊性言辭和行動來維護自己的公眾認同。他擅長挑起社會議題，將問題極端化，並將對手描繪為威脅，從而激發群體情緒。在川普的領導下，許多選民的情感被極大激發，這使得川普能夠建立一個堅定的支持基礎。這些支持者常常將川普的成功視為他們的勝利，將自己的身分與川普的政治運動緊密連繫。

當川普離開白宮後，他並未放棄這一策略，反而將其推向

第十四章　拜登的美國 vs. 川普的遺緒

了新的高度。他在反對拜登政策時，並不僅僅是提出建設性批評，而是將其政治攻擊上升為對美國「未來」的爭奪戰，進一步加劇了政治分裂。他透過這樣的情感操控，使得自己在群體中的位置穩固，並將自己的反建制立場繼續深植於支持者的心中。

◆ 3.4 川普的陰影：如何操控大眾對抗現狀

川普的「在野」角色與其總統任期時的領導方式有很大的相似之處：依然保持強硬的立場，並透過操作公眾情緒來維持自身的影響力。他繼續強調現狀的問題，並將一切挑戰歸咎於當前政府的無能，這使得支持者感到自己仍然是這場政治鬥爭的核心力量。川普的陰影籠罩著拜登政府的每一個決策，使得他的支持者始終認為「他們的戰爭還沒結束」。

川普在這一過程中並未尋求和解，而是選擇加劇對立，強化他與支持者之間的情感連結。他的策略不僅限於挑戰現政府的政策，還不斷強化自己與反建制群體的連繫，並且將民主黨描繪成「敵人」，這樣的操作讓川普在政治對抗中始終占據主動。

◆ 3.5 川普的媒體策略：
利用傳播工具增強政治影響力

川普的媒體策略在他任內以及離任後都發揮了巨大的作用。他精通社交媒體的使用，特別是推特，這讓他能夠直接與支持

者進行對話,無需傳統媒體的過濾。在川普的領導下,媒體不再是政治資訊的單純傳播者,而成為了他情感操控的延伸工具。他能夠迅速在社會中激起對某些問題的注意,並將這些問題轉化為自己的政治資本。

即使在離開白宮後,川普依然能夠利用媒體塑造自己在公眾中的形象,繼續操控群眾情緒。他將媒體視為自己的政治戰場,並利用它來挑戰拜登政府的合法性。這種運用媒體進行情感操控的能力,使得川普在全球政治舞臺上仍能保持高度的影響力。

第四節　領導風格對國家心靈的塑造差異

「我將帶領我們重新找回這個國家的偉大,並讓每一個美國人感到驕傲,因為我們才是真正的勝者。」

"I'm going to lead us to greatness again, and make every American proud, because we're the real winners."

◆ 4.1 拜登的理性治國 vs. 川普的激情治國:對國家心理的影響

川普的領導風格充滿激情和對立,他以強烈的情感激發群眾,利用挑戰和對抗來動員支持者。這種激情式的治國方式無疑改變了美國國家心靈的格局。川普的語言常常是激烈的,將

第十四章　拜登的美國 vs. 川普的遺緒

問題極端化,並將國內外的挑戰視為必須戰勝的敵人。這使得支持者感受到危機感,並將自己視為一場激烈鬥爭的一部分。他的領導風格使美國社會充滿了激動、對立和強烈的情感反應,這一切加劇了國家的分裂。

相較之下,拜登的風格更多基於理性與穩定,他強調團結和恢復共識,提倡理性政治,並試圖減少社會中的情感衝突。他的治國方式更注重解決問題,並透過理智的討論來治療社會的裂痕。然而,這樣的風格在川普所激發的強烈情感對立中,顯得相對冷靜,甚至在某些選民眼中顯得無力。

這種差異在美國的政治和社會心理中留下了深遠的印記。川普激發的情感波動使得美國的國家心靈在很大程度上處於焦慮和分裂的狀態,而拜登則試圖透過冷靜、理性的治國方式來平息這些情緒,但仍面對著強烈的反對聲音。

✦ 4.2 拜登的同理心與川普的衝突性領導:群體情感的不同需求

川普的領導方式依賴衝突和對抗,這樣的策略使得他的支持者感受到自己與政治菁英和全球勢力對立,並激發了強烈的群體情感。川普擅長激發民眾的情感,並透過對外部威脅的強烈描繪來凝聚支持,這樣的情感化領導方式讓他的選民將自己視為「反建制的戰士」,並對現狀進行猛烈的反擊。

第四節　領導風格對國家心靈的塑造差異

　　與此相對，拜登的領導風格則強調同理心和理解。他的語言強調治癒和團結，呼籲國家擺脫分裂和對立。然而，這種理性且穩定的風格未能充分觸及到那些對川普的情感激發有所依賴的群體。這些群體期待領袖能夠更強烈地表達情感並給予支持，而不是僅僅依賴理性和政治協作來解決問題。拜登面對的是一個情感需求極為強烈的社會，其中部分選民希望看到更多的激情式領導，而非過於冷靜、理智的回應。

◆ 4.3 兩者的心理效應：川普的分裂與拜登的統一

　　川普的領導風格在美國社會中製造了深刻的分裂。他的強烈情感表達和敵對言辭讓群體情感被極化，支持者和反對者之間的裂痕加深，這使得美國社會在心理層面經歷了劇烈的對立與焦慮。川普的領導風格激起了群體的憤怒和恐懼，而這些情感的波動，使得選民的政治認同和情感投射變得更加極端。

　　相比之下，拜登的理性領導則致力於恢復國家心靈中的統一感。他強調要將國家帶回理性和穩定的狀態，並透過協商與對話來解決社會分歧。然而，這樣的理性治國風格在面對川普所激發的群體情感時，顯得難以立足。許多選民依然感到被邊緣化，並且認為只有強烈的領袖才能帶來真正的變革。這使得拜登面對的挑戰是如何平衡理性與情感，並重新塑造被川普所深刻影響的國家心靈。

第十四章　拜登的美國 vs. 川普的遺緒

◆ 4.4 統一與對立：在政治領袖間的心理戰爭

　　川普和拜登之間的領導風格差異，也反映了他們對國家心靈的不同塑造。在川普的領導下，政治成為了情感的戰場，激烈的對立和衝突使得美國社會充滿了張力和焦慮。而拜登則試圖將這種張力轉化為對話和協商的機會，試圖減少情感上的對抗，並尋求共識。

　　然而，政治的心靈戰爭並非簡單的理性與激情之爭，而是對選民心理需求的深刻回應。川普的領導風格以情感為主導，強調分裂與對抗；而拜登則側重於理性治國，強調團結與修復。在這樣的情境下，兩位領袖的風格互相對立，且對美國社會的心理狀態造成了深遠影響。

◆ 4.5 兩者的心理治癒：
　　從激情到理性，如何修復國家心靈？

　　美國的國家心靈，經歷了川普時期的情感激盪後，進入了更加冷靜理性的拜登時期。這一過程中的挑戰不僅是政治層面的，也是心理層面的。川普的激情治國風格激發了強烈的情感和分裂，而拜登則試圖修復這些裂痕，透過理性和穩定的政治領導來恢復國家的團結。然而，如何平衡這兩者，並讓美國的心靈在激情與理性之間找到和諧，將是拜登政府在未來面臨的重要課題。

第五節　分裂心靈如何療癒？當理性遇上激情

「我說的話能讓你感受到一股力量,那不是巧合,因為我說的是你心裡想說卻說不出口的真話。」

"When I speak, you feel power-not by accident. I say the truth you've been afraid to say."

◆ 5.1 情感動員與心理裂痕的源頭

　　川普的政治崛起,象徵了美國深層心理狀態的浮現。他的語言策略直擊群眾情緒最原始的部分 —— 恐懼、憤怒、不滿與渴望。他不試圖調和分歧,而是選擇放大它們,讓每個人「有敵人可以指責」,進而凝聚忠誠。這是一種以情緒作為驅動的群體心理操控,催生出巨大的政治能量,卻也留下巨大的情感裂痕。

　　這些裂痕不僅存在於政治光譜的兩端,也深深穿透了家庭、社群與文化身分。許多美國人開始質疑彼此的價值與真誠,公共空間成為情緒對抗的戰場,而非理性討論的論壇。這正是川普「政治即表演、領導即動員」風格的後果。

第十四章　拜登的美國 vs. 川普的遺緒

◆ 5.2 拜登的修復願景與溫和風格挑戰

拜登則嘗試從另一端進行補救。他以「正常回歸」作為政治號召，強調穩定、溫和與理性協商。他相信政治可以是修復社會的工具，而不是撕裂的武器。但這樣的願景，在一個被激化言論和敵我劃界所占據的環境中，顯得力有未逮。

心理學顯示，在情緒高漲後期，群眾往往會產生「認知失調」的防衛機制，即使面對理性事實，也會因為「感覺背叛了過往情感立場」而拒絕修復。拜登的話語多半基於理性，卻缺乏情緒補償的強度，使得他在療癒社會創傷的過程中，難以有效觸及那些曾經被川普語言點燃的選民內心。

◆ 5.3 理性與激情的衝突與互補

事實上，真正有效的國家心理修復，並非全然的理性主導或情緒宣洩，而是兩者的深層整合。川普激起的情感洪流揭露了美國底層情緒的真實狀態，拜登則試圖將這股力量重新導入制度化的治理框架。但截至目前，這項任務仍處於僵持狀態。

心理學者卡爾・榮格曾指出，「人們真正需要的不是善意的忠告，而是讓內在的黑暗得到理解與承認」。川普的政治操作，正是這種黑暗的召喚，而拜登則尚未找到真正接觸這股情感陰影的語言與姿態。因此，當理性遇上激情，兩種政治心靈的碰撞，不是誰取代誰的問題，而是如何對話、如何並存。

5.4 修復機制：如何讓對立者願意「一起走」

要讓分裂社會邁向療癒，領導者不能只給出政策與數據，還必須提供心理上的共感與行動上的參與。川普的成功，在於讓追隨者覺得「他是自己人」，是一種深層認同。而拜登若要有效治理，則不能只扮演「父親」角色，更應學習某種程度上的「鏡像共情」，讓不同立場的選民覺得：你雖然不同意我，但你真的「懂」我。

例如在種族、經濟、移民議題上，若拜登能讓中下階層白人群體感覺自己也被重視、被傾聽，那麼許多對立將有可能緩解。情感修復並不意味著放棄價值堅持，而是透過心理的重新建構（reframing）建立新的連結模式。

5.5 美國心理裂痕的未來可能走向

從心理學視角看，川普與拜登代表的是兩種政治人格原型：一個是混亂的挑戰者，揭露體制盲點與民意失衡；一個是修復者，試圖用制度與耐心復原公共信任。目前美國社會依然在這兩種心理能量的擺盪中浮動。

未來的美國政治領導人，將不再只是政策的調配者，而必須是社會心理的「整合者」，懂得如何在激情與理性之間穿梭。當人們發現，真正強大的是能說出真話的勇氣，也是能傾聽對話的耐心時，這個國家的心靈才有可能被真正療癒。

第十四章　拜登的美國 vs. 川普的遺緒

第十五章

川普的心理遺產：
你還在我心裡

第十五章　川普的心理遺產：你還在我心裡

第一節　2025 關稅戰後的新冷戰思維

「我們不再是全球的提款機。我們會反擊，我們會對那些利用我們的人課稅。」

"We're not the world's piggy bank anymore. We're hitting back. We're taxing those who take advantage of us."

◆ 1.1 關稅不是經濟手段，而是心理戰術

2025 年 4 月 2 日，川普在第二任期內正式宣告針對墨西哥、中國與多個東南亞國家啟動新一波關稅懲罰，這場「二次關稅戰」不只是經濟手段，更是情緒化政治的延續。這些政策表面上是為了保障美國產業，實則再次將全球政治拉回一種熟悉卻更激烈的冷戰結構。

從心理學角度來看，川普的「戰略對手定位」並不是基於經濟數據，而是經過精心設計的敵我劃分。當川普說「他們在偷我們的工作」，他訴諸的是群眾的失落、羞辱與焦慮。關稅的功能早已不僅是產業保護，更是集體情緒的轉移出口，是政治語言中的「代罪羔羊技術」。

1.2 課稅即懲罰：國家情感化的擬人策略

川普時代的政策邏輯背後隱藏一套心理操作：他將國家形象擬人化，轉化為「我們」與「他們」的對抗故事。他說：「我們被占便宜太久了，是時候站起來了！」這不是單純的國際貿易立場，而是一場講求情感正義的戲劇舞臺。

此種擬人策略使得美國人民不再從抽象的國家利益來判斷政策成敗，而是從情緒上去感受「我們贏了」或「我們被羞辱了」。這種簡化式敘事提供強烈的心理慰藉，讓原本複雜的國際結構變成了可以投射情緒的圖像，這也正是川普政治話語的核心力量。

1.3 「新冷戰」不是地緣政治，而是認同政治

2025 年後的國際氛圍，愈來愈像一場由心理機制驅動的冷戰，而非意識形態競賽。川普的語言操作模式不再強調制度差異（民主與威權），而是轉向「他們是壞的，我們是被欺負的」這種簡化的道德敘事。這讓群眾可以快速做出情緒判斷，而不必理解複雜的地緣現實。

例如他對中國的用詞從未正式，而是明確帶有情緒攻擊，如「竊賊」、「操控者」、「病源地」。這些措辭不但形塑了一個被仇恨包裹的對象，更讓冷戰結構從外交文件中轉移至民眾的日常語言。冷戰不再是領袖之間的競逐，而是全民參與的心理共識建構。

第十五章　川普的心理遺產：你還在我心裡

◆ 1.4 政策背後的國內轉移：焦慮內爆的出口

川普清楚知道，國內的不安情緒是他最大資產。當通膨、就業與犯罪問題無法在短時間內解決，他便以關稅與外敵來將這些壓力轉移。這不只是策略性分散焦點，更是一種「群體焦慮的自我防衛」。心理學稱之為「外部歸因式的認知調節」，也就是說，把痛苦的來源丟給看得見的敵人，能讓人感到暫時安心。

在這樣的情境中，貿易戰與外交對抗，變成了一場全民參與的心理儀式。它不是為了解決問題，而是讓大家「感覺」問題正在被處理。川普深知，群眾要的不是解方，而是情緒回應。而「稅」成為最簡單、最具體的象徵手段：它能讓你覺得我們出手了，我們不再軟弱了。

◆ 1.5 關稅戰是新時代的群體催眠

回顧 2025 的關稅大潮，從經濟角度可能爭議頗多，但從心理角度，它無疑是一場成功的集體催眠實驗。川普精準地觸動了被遺忘階層的焦慮感，將國家情緒包裝為政策行動，讓人們在怒氣中找到方向，並在稅率中尋求尊嚴。

這一節不是在討論一場關稅政策的經濟效果，而是在揭露一位政治人物如何利用心理學的情緒槓桿，把「國際秩序」變成「國內感受」的影子舞臺。關稅戰，也許不是冷戰的重演，而是新世紀中，情緒民族主義的全球化開端。

第二節　心理學式國族主義的殘留

「一個不知道自己是誰的國家，將一無是處。我們是美國，我們是最強大的。」

"A country that doesn't know who it is, is nothing. We are America, and we are the strongest."

◆ 2.1 「我們」vs.「他們」：心理邊界的建構術

　　川普的國族主義敘事，從來不只是對國家歷史與文化的重申，而是一場集體心理工程。他並不單純在講「愛國」，而是設計一套心理邏輯：將「我們是誰」與「他們是誰」作出情緒邊界，並用這個二元架構，建構出群體認同。

　　這個邏輯非常有效，因為它回應了人在身分不確定時的焦慮。心理學中稱之為「社會認同理論」（social identity theory），人會本能地尋找能給予安全感的集體標籤。而川普提供了這個標籤：你是「真正的美國人」，而其他人 —— 非法移民、全球化菁英、外國對手 —— 是威脅你身分的「入侵者」。

　　於是，國族不再只是地理與歷史的集合，而變成一種心靈歸屬的答案。「Make America Great Again」（讓美國再次偉大）就是一種心理暗示：你本來屬於一個強大體系，而我來恢復它。

297

第十五章　川普的心理遺產：你還在我心裡

◆ 2.2 國族主義的情緒迴路：自卑與榮耀的切換

川普式國族主義操作的關鍵，在於它不僅訴諸驕傲，也訴諸傷痕。他一方面強調美國的強大與過往的輝煌，另一方面不斷提及美國如何「被羞辱」、「被剝削」、「被出賣」。這種反覆切換的情緒輸出，會製造一種「我們被壓抑太久，是時候反擊」的心理正當性。

從心理學的角度來看，這是典型的「創傷―榮耀交替框架」。它能讓群體從自卑感中提取出攻擊的動能，並透過對敵人的投射來獲得虛構的優越感。川普讓國族主義不只是政策工具，而是內心療傷的劇情主軸。他不是在說「我們怎麼治理國家」，而是在說「我們怎麼重新找回尊嚴」。

這也解釋了為什麼即使許多川普政策未見明顯成效，支持者仍然堅信他代表「真正的美國精神」。因為他說出了集體情感深處的話，而這種心理連結，遠比理性分析更牢不可破。

◆ 2.3 當國族成為自我認同：川粉的投射機制

支持川普的群體，往往將自身生活的不滿、社會挫敗感與經濟壓力，全部投射到國家命運之上。當他們喊出「我們要讓美國再次偉大」時，其實內在是在說：「我想要自己變得更有價值」。

川普正是利用這種心理機制，讓國族議題轉化為個人認同的延伸。他強調的是「你不是孤單的」，「我們是一國之民」，「如

果你受苦，是因為他們害的」。這讓川粉不僅在政治上支持川普，更在心理上把他視為內心自我尊嚴的守護者。

這類現象在心理學中稱為「象徵性自我擴張」：當個體無法透過個人成就獲得價值時，會傾向依附在更大的集體或象徵上，藉此維持自我完整性。而川普提供的「國族」就是這樣一個極具吸引力的象徵體。

◆ 2.4 拒絕承認錯誤的民族自戀

川普的語言從不說「我們錯了」，只會說「我們被利用」、「我們過於善良」。這種語言策略，在心理層面提供了對失敗的再詮釋出口。支持者不需要承認失敗，只需要相信「自己曾經偉大」，而現在的不幸是「他人造成的」。

這種集體性的「民族自戀」（collective narcissism），讓群體在面對外部批評或內部失序時，傾向拒絕自我反省，而是選擇責怪他人。這也讓國族主義變得防禦性極強，甚至形成「真相免疫系統」，使支持者能夠抵禦任何與其信念相悖的資訊。

川普以此構築了政治運動的「情感防火牆」，讓其支持基盤不受事實動搖，成為高度穩固的心理社群。這也是為何「川普現象」能歷經選舉、官司、彈劾乃至社群媒體封鎖，仍能持續生長的心理根基。

第十五章　川普的心理遺產：你還在我心裡

◆ 2.5 國族主義的殘留：從語言到文化的滲透

即便未來川普完全退出政壇，他所引爆的心理國族主義，仍將在美國社會中長期滲透。這不僅是因為其政策遺緒，更是因為語言與情感模式已經內化到文化日常。例如：將政治對手稱為「不愛國者」、將外交談判說成「被出賣」、將社會改革視為「摧毀傳統」，這些語言模式早已超越川普本人，成為一種新常態。

而這樣的國族情感也將影響未來世代的政治情緒結構。政治將不再是制度與政策的對話，而是情緒與忠誠的對決。這正是川普留給美國的心理遺產：一場看不見卻滲透每一層社會紋理的國族心理學。

第三節　未來政治如何擺脫川普現象？

「沒有人能像我這樣掀起浪潮，因為我說出了你們心裡真正的聲音。」

"No one stirs the tide like I do, because I say what you really feel inside."

第三節　未來政治如何擺脫川普現象？

◆ 3.1 擺脫一種「感覺政治」的依賴症

川普時代所留下的最大遺產，不是一套政策，也不是政黨結構的重組，而是一整套心理作業模式。他讓政治成為「感覺的主場」，使情緒而非理性成為參與門檻。他證明了，不需要完善的政策藍圖，只要懂得激發群體情緒，就能主導議題與輿論。

然而，這也導致美國選民對「情緒回饋」產生依賴。一旦政治不再令人「興奮」、不再製造「敵人」，許多人便覺得無聊、冷淡，甚至失去參與的動力。這正是未來政治的巨大風險：當情緒被消耗、當群眾不再被刺激，他們會不會選擇更激烈的聲音？或更極端的領袖？

要擺脫川普現象，必須先戒斷這種情緒依賴，讓政治重新回到「公共問題的集體解決機制」，而不是「憤怒的代言舞臺」。

◆ 3.2 情緒再政治化的反撲循環

後川普時代的許多政治人物，在試圖避開他的語言風格時，往往陷入另一種兩難：他們想回到理性，但又怕群眾無感；他們試著不煽動情緒，卻在民調下滑後反而被逼著「模仿川普」。

這種情緒再政治化的反撲，正在全球蔓延 —— 從義大利的民粹主義、法國極右翼的復興，到亞洲部分領袖強調「強人姿態」的表演。這些現象說明了一件事：川普式的情感治理，早已不只是個案，而是 21 世紀政治的新文法。

第十五章　川普的心理遺產：你還在我心裡

未來若要真正擺脫這套文法，必須讓「情緒」在政治中有出口，但不再以「敵意」為主語；必須讓「焦慮」被承認，但不再訴諸對立與排他。否則，只要社會焦慮持續，群眾遲早會尋找另一個川普。

◆ 3.3 領袖模型的重建：
　　理性不是冷漠，激情不是敵意

川普所打破的，不只是政治制度的規則，更是對「什麼叫做領袖」的想像。他把領導者變成了表演者，把政策變成語言的爆點，把權力轉化為情緒動員的合法性。未來政治若要重建公信，必須先重建這個領袖角色。

這並不代表回到冷冰冰的技術官僚治理，而是要重新找到「理性」與「人性」之間的平衡。領袖必須學會表達感受、理解群體焦慮，但同時也必須堅守事實、制度與穩定的價值。

領袖不是說出最能煽動人的話，而是能在最容易分裂的時刻，守住最困難的價值。未來的政治典範，將來自於那些能讓人「安心而非興奮」的聲音──這正是與川普模式決裂的第一步。

◆ 3.4 公民心理素養的集體重建

川普現象的存在，還表現出選民心理素養的薄弱。當事實與情緒衝突時，多數人選擇後者；當群體認同與理性判斷衝突

第三節　未來政治如何擺脫川普現象？

時，多數人傾向維持自我認同，哪怕要拒絕事實本身。

這提醒我們，擺脫川普現象，不只是領袖的課題，更是公民的心理修復工程。學校教育、媒體素養、社會對話機制，都是重新建立集體心理免疫力的關鍵。當公民能辨識操控手法、管理情緒反應、理解政策複雜性，才可能不再依附於某個強人形象來代替政治判斷。

唯有人民心理更成熟，政治才會更健康。

3.5 從「去川普化」到「後川普主義」

許多人以為擺脫川普，就是讓他消失。但事實上，川普現象早已超越他本人，成為一套內建在政治語言、群眾心理與媒體結構中的運作邏輯。真正的挑戰，不是「去川普化」(de-Trumpification)，而是「後川普主義」(post-Trumpism)——我們如何面對這個時代所養成的政治習慣與心理條件？

這需要一段過渡期，也許會經歷幾次民主的試錯，也許會有新的政治實驗與新領袖的出現，但最重要的是：要有一群人開始願意說真話，不是說出群眾想聽的話，而是說出讓我們願意改變的話。

第十五章　川普的心理遺產：你還在我心裡

第四節　情緒治理的新挑戰

「人們不再相信專家，他們相信我。因為我是唯一說實話的人，其他人只是想讓你閉嘴。」

"People don't trust the experts anymore, they trust me. Because I'm the only one telling the truth-everyone else just wants you to shut up."

◆ 4.1 情緒治理時代的到來

政治，過去被視為一套由法案、程序與理性組成的治理機制；但川普上臺後，一種嶄新的模式崛起：**情緒治理**（emotional governance）。川普用他的語言節奏、表情管理、話語挑釁，建立了一種新的政治節奏，主導的不再是政見辯論，而是感受共鳴。

在這樣的架構下，民意的關鍵不再是「你是否支持這項政策」，而是「你是否感覺他懂你」。於是，領導力不再來自專業與判斷，而來自誰能最快激起憤怒、誰能最強烈共鳴群體焦慮、誰能把複雜問題簡化為一個可恨的敵人。

川普不只是掌握這種情緒節奏的人，他幾乎是這種模式的創造者。而他留給後人最難以拆解的遺產，正是這種讓治理必須先是情緒設計、其次才是制度工程的政治新邏輯。

4.2 當「感覺對了」變成比事實重要

川普執政時期，美國社會對事實的信任度出現劇烈斷裂。「假新聞」不只是攻擊詞，更成為了群眾與主流知識體系切割的通道。他打造出一種「我才是真相」的領導風格，而這種語言的魅力來自心理學裡的「確認偏誤」——人們傾向相信能強化原有立場的資訊，並拒絕挑戰自己認知的聲音。

這種資訊處理模式導致了前所未見的治理困境：政策再合理、數據再精準，只要不能引發群眾「被理解」的感受，就不容易獲得支持。於是，政治人物不得不花更多時間「經營感覺」，而非「制定原則」。

未來的治理者若想有效施政，將不得不面對這種由情緒先行、理性退位的集體心理結構。他們需要懂得如何創造**心理認同感**，才能讓制度工程不致在情緒抵抗中胎死腹中。

4.3 情緒治國與公眾焦慮的再生循環

川普創造了一種策略性情緒政治，它能快速回應群眾不安，但同時也持續放大這些情緒。每一次政策發表，都是一次情緒表演；每一場競選造勢，都是一次情感瘋潮。這些行為不只是政治動員，而是變成了一種「集體情緒排毒儀式」。

這導致的後果是：群眾變得愈來愈難以忍受沉默與不確定。他們渴望快速回應、強烈表態與立即的行動。這對治理者構成

第十五章　川普的心理遺產：你還在我心裡

新挑戰：如果你不懂得回應情緒節奏，就會在政治場上被「冷落」，即便你的政策完美無缺。

這種情緒依賴，最終會讓公共政策變成一場又一場的感官競賽，而不是制度討論。也正因如此，川普雖然離開了白宮，他所創造的情緒治理模式仍在許多新政治人物身上延續著。

◆ 4.4 領導者的情緒角色重建：
不是心理醫生，而是心理架構師

未來的政治領導者，將不再只是法律制定者或組織管理者，而必須是**集體情緒的架構者**。他們必須懂得情緒的節奏，知道何時撫慰、何時激發、何時承認矛盾而非否認衝突。

這並不意味著煽動，而是對情緒動態的精準理解。例如：你不能對失業者說「一切會變好」，而必須說「我知道你感覺被拋棄」，然後提供具體行動計畫。這不再只是語言的包裝，而是心理策略上的再設計。

川普的成功，來自他「懂感覺比懂政策更重要」的本能。未來的治理者若要修正這種模式，就必須在尊重情緒的基礎上，重新建立情緒與事實之間的橋梁。

第五節　川普的影響力，是一場心理現象，而非政治現象

◆ **4.5 治理心靈 vs. 操控情緒：未來的選擇題**

川普打開了一扇門，一扇讓政治情緒化的門。而這扇門一旦打開，便再也無法完全關上。未來政治的選擇不是「要不要處理情緒」，而是「你要治理情緒，還是操控情緒」。

這是一道艱難的分水嶺：治理情緒需要時間、傾聽與信任的重建，而操控情緒則容易得多，只要找到群體的焦慮點，再輕輕一推，就能引發強烈的政治能量。但兩者的後果完全不同：前者建立制度信任，後者製造對立與崩解。

美國乃至全球的下一波政治轉型，不是制度的創新，而是心理的決戰。如果我們無法培養能理解情緒又能回歸理性的治理者，那麼川普所給的，不只是過去的記憶，而是持續擾動未來的聲音。

第五節　川普的影響力，是一場心理現象，而非政治現象

「我不是政客，我是一場運動。我是你們的聲音，是你們的感受，是你們的勝利。」

"I'm not a politician-I'm a movement. I am your voice, your feeling, your victory."

第十五章　川普的心理遺產：你還在我心裡

✦ 5.1 政治現象的外衣，心理現象的本質

歷史終將明白：川普的崛起，不只是共和黨內部的變異，也不只是保守派的反撲。他的現象本質上是一場心理學革命，不是制度的反動，而是情緒的集結；不是理性的論辯，而是潛意識的召喚。他沒有改變憲法，但他改變了人們感受政治的方式。

我們看到一位領袖，跳過理性制度與菁英階層的過濾，直接對接民眾的情緒中心。他知道哪裡痛、哪裡怒、哪裡渴望復仇，並把這些心理能量整合成簡單口號與強烈姿態。這並不是政策討論，而是一場國民情感的共振──川普成為了那個把「內心陰影說出來的人」，因此，他不是被選上，而是被投射上去的。

✦ 5.2 「川普效應」是一種群體心理的潛影

心理學上有一個重要概念叫做「投射認同」（projective identification）：人們會將自己壓抑的渴望與情緒，投射到某個強勢他者身上，並透過他來行使那些自己不敢實現的願望。川普就是這樣的載體──他可以憤怒、傲慢、反建制、拒絕道歉、反智、侮辱政治正確⋯⋯這些正是群體無法在日常中表現出來的衝動。

當川普大喊「我們要拿回我們的國家」，支持者聽到的其實

第五節　川普的影響力，是一場心理現象，而非政治現象

是「我可以再驕傲一次」。他提供的不是路線圖，而是一種集體的心理補償，讓被忽略的、焦慮的、挫敗的美國人，得以感受到一次象徵性的勝利。

因此，無論川普是否在位，他的模式會以不同名字、不同面貌繼續出現。因為那不是川普創造的現象，而是他展現了人心深處某種長久未被滿足的情緒結構。

◆ 5.3 對立不是由川普創造，而是他揭露出來的

一個錯誤的解讀是：川普製造了分裂。但更準確的說法是：他揭露了美國早已分裂的心靈。種族焦慮、性別衝突、經濟不平、菁英與草根的文化斷層……這些問題不是川普帶來的，而是川普懂得如何讓它們說話，甚至吼出來。

他讓沉默的大多數變得喧嘩，讓邊緣群體有了中心感。他用語言解放了被壓抑的本能，而政治瞬間變成心理戰場。這樣的轉換，對制度來說是破壞，對心理來說卻是釋放。川普的影響力不靠政績，而靠能量的轉導。這讓他成為一場全民心理投射的象徵物，而非單一政治人物。

◆ 5.4 被療癒或被繼承：川普之後的兩種未來

既然川普是一場心理現象，那麼他的終結，不在選票之間，而在心理修復之中。若社會無法正視這些集體情緒，無法給予

第十五章　川普的心理遺產：你還在我心裡

焦慮者新的定位與希望,那麼川普的結束將只是新一波川普式人物的開端。

但若這些情緒能被安頓,若民主制度能學會說人話、懂感受、並不再只靠冷冰冰的理性說教,那麼川普將真正成為過去,而不是陰魂不散的未來。

問題不在於我們能否遺忘川普,而在於我們是否願意理解：他是怎麼住進我們內心的？我們又怎麼願意讓他離開？

◆ 5.5 川普的國度,不在白宮,而在人心

這本書從頭到尾,都不是在寫一位政治人物,而是在書寫一場關於心理的政治劇場。川普不是一位總統而已,他是一個象徵角色,一種心理原型,一面照見我們集體潛意識的鏡子。

而那面鏡子正問著我們每個人：

「你為什麼需要這樣的聲音？」

「你為什麼跟著這樣的人走？」

「你內心是否也曾喊出那些你否認過的話？」

真正的川普主義,不會寫在憲法裡,也不會畫在選票上,而是植根在一整個時代的心靈底層。未來的政治,若無法回應這場心理戰爭的深度,就無法超越川普。

因為他從來不是白宮裡的人,他一直都住在我們的心裡。

尾聲
重返權力之巔？
川普第二任的心理劇本與全球賭局

「我不是在重返白宮，我是要奪回這個被偷走的國家。」

當 2025 年春季，美國政壇再度響起川普「Make America Great Again」的口號時，這場政治劇不再只是回憶錄的結尾，而是進入下一輪更複雜的賽局舞臺。川普不僅僅是一名前總統的回歸者，更是一位磨練過、進化過的談判玩家，準備將第一任的經驗轉化為第二任的槓桿。

從心理學角度來看，川普的領導風格是一種「支配性人格」與「自戀型自我防衛機制」的混合體（Millon, 2011），但正因如此，他對權力動態有著過人的直覺與手段。他擅長在對手出招前製造心理壓力場，在話語未說盡前就逼迫對方表態，這種「預期控制」的策略，讓他在多邊貿易談判、選舉造勢甚至黨內整合上，都能化混亂為掌控。

若川普成功於 2025 年再度入主白宮，第二任期的施政很可能不只是「重演」前次，而是進入一種「加倍下注」的攻擊型領導模式。他在第一任期間種下的政治與經濟對抗種子，將成為未來四年的收割對象。從全球供應鏈重組，到美中科技冷戰，

尾聲　重返權力之巔？川普第二任的心理劇本與全球賭局

再到美元主導權的保衛戰，川普將會更無顧忌地操作「雙邊談判」與「極限施壓」策略，正如他在 2018 年時直指：「你不讓我贏，那我們都不玩了。」

本書在揭示川普權力心理結構的同時，也提醒讀者：無論支持或反對川普，都不該低估他對於「遊戲規則重新定義」的能力。他是少數能將「不確定性」當成槍械使用的政治人物，讓對手陷入自我懷疑，而讓支持者感受到「他比所有人都更清楚真相」。

川普效應不只是川普的個人魅力或任期政績，而是一種集體心理的共鳴現象，一種把選民恐懼、挫敗與期待編碼成選票的領導語言。在這個充滿地緣風險、認知戰爭與資源分化的新世界中，川普的第二任，或許會成為歷史的一場賭局：輸贏未定，但每一步都攸關世界局勢的走向。

川普年表

出生與求學（1946～1968）

1946 年 6 月 14 日

唐納‧約翰‧川普（Donald John Trump）出生於紐約市皇后區，一個擁有德裔背景的富裕家庭。他是家中第五個孩子，父親弗雷德‧川普是布魯克林與皇后區著名的房地產開發商，以保守作風與精準成本管控著稱。母親瑪麗‧安妮‧麥克勞德（Mary Anne MacLeod）為來自蘇格蘭的移民家庭，宗教虔誠且紀律嚴格。這樣的家庭組合奠定了川普早期對「財富、秩序與支配」三者的高度敏感與認同。

1959 年～1964 年

川普被送往紐約軍事學院（New York Military Academy）就讀，這是一所介於寄宿與半軍事教育之間的學校，強調紀律、服從與階級體系。父親原希望藉此矯正他在少年時期日益強烈的攻擊性與抗拒權威行為，卻反而塑造出川普「以支配取代服從」的思維模式。在這段期間，他學會如何在競爭中取勝、如何向上級展示忠誠、並逐步鍛鍊出語言主導的說服能力。多年後他回憶：「軍事學院教我最重要的一課，就是怎麼讓別人聽我的話。」

川普年表

1964 年

川普畢業後先進入福坦莫大學（Fordham University）就讀兩年，這是一所位於紐約布朗克斯的耶穌會大學。雖然他在校表現並不突出，但也展現出對經濟課程與房地產相關議題的濃厚興趣。他經常前往父親的工地觀察，也開始涉獵資產管理、租賃政策與金融工具等實務知識。

1966 年

為了追求更具聲望的商學教育背景，他轉學進入賓州大學的華頓商學院（Wharton School of Finance and Commerce）。當時的華頓學院以金融實戰與企業導向著稱，是許多未來企業家與投資人的搖籃。在這裡，川普接觸到了商業談判、資產評價與策略管理等核心概念，開始理解「市場是一場心理遊戲」的本質。儘管成績不算頂尖，但他極為重視與教授建立關係，並學習如何將「學術語言轉換為投資敘事」，這一能力在往後的商業與政治生涯中屢屢發揮關鍵作用。

1968 年

川普順利畢業，獲得經濟學士學位，隨即回到家族企業——當時仍由其父主導的川普機構（The Trump Organization）。不同於其他繼承型二代企業家，川普選擇從商業定位與個人品牌開始重塑事業方向。他並不滿足於繼承父親在紐約市外圍所建立的中產公寓帝國，而是胸懷進軍曼哈頓金融與名流圈的野心。

他曾在一次早期受訪中說:「我不是要接班,我是要讓這家公司變成世界知道的名字。」

這一階段對川普來說,不只是教育與成長的過程,更是性格鋪陳與世界觀定型的起點。他學會了服從,也學會了反叛;理解了結構,也開始操作規則。他不是被教育馴服的人,而是學會如何用體制來主導別人的人。這些心理與經歷,在後來的從商與從政階段,都展現出強烈的貫通性與一致性。

從商時期(1968 ～ 2015)

1968 年

畢業後,唐納・川普正式加入家族企業 ── 川普機構(The Trump Organization),起初專注於協助父親管理位於紐約市外圍的出租型住宅與中產住宅開發計畫。然而,川普從不甘於扮演管理者角色,他更關心的是如何將「地產」轉化為「影響力」,讓名字本身成為一種品牌與權力的象徵。

1971 年

年僅 25 歲的川普正式接掌川普機構,並將總部遷至曼哈頓。他看準紐約市當時市政財政困頓、商業地產價格低迷的時機,大膽出手投資曼哈頓中城與第五大道一帶的物業。與傳統保守派地產商不同,川普不只是蓋房子,而是蓋「可以上新聞的

> 川普年表

房子」,例如日後成為他事業象徵的川普大廈(Trump Tower),其玻璃帷幕與黑金外觀在 1983 年落成時掀起一場城市美學與地產想像的革命。

在商場上,川普極度注重「感知價值」的營造。他擅長使用誇張字眼與媒體曝光來強化專案聲勢,並將自己包裝為一位「打破常規、靠膽識致富」的典型成功者。他曾說:「人們喜歡贏家,而我讓自己看起來永遠在贏。」

1987 年

出版暢銷書《交易的藝術》(The Art of the Deal) 不僅是自我行銷的範本,更為全球讀者提供一種「強勢談判心理學」的範式 —— 堅持、誇張、讓對手相信你無路可退,這些操作術語成為他日後從政時所倚賴的心理策略骨幹。川普不只寫商業,也寫權力,這本書成為美國保守派與企業家口袋裡的讀物。

然而,川普的野心與激進操作也埋下財務風險的種子。

1990～1991 年

川普因過度槓桿操作與美國房地產泡沫破裂,陷入前所未有的債務危機。他名下多家賭場與地產專案接近破產,個人資產一度大幅縮水。傳統商人可能就此退場,但川普卻將這段危機轉化為一場談判秀 —— 他不只說服銀行寬限償還期限,甚至用媒體讓外界相信他「仍在掌控局面」。他深知,**只要媒體還相信你有錢,你的籌碼就還在。**

這種「信心即價值」的操作思維，讓川普比其他地產商更像金融心理戰的操盤手。他開始進一步推動「品牌授權」模式，將 Trump 一詞貼上高爾夫球場、飯店、礦泉水、甚至是領帶和香水。他不再單靠開發獲利，而是讓「川普」變成一種可交易的品牌資產。

2004 年

川普再度以電視實境節目《誰是接班人》（*The Apprentice*）翻紅。「You're fired!（你被炒了！）」成為全美知名的經典臺詞。這檔節目不僅使他成為家庭熟面孔，也將他的強人風格與決策風貌傳遞給主流觀眾。他不再只是商界名人，而是轉化為大眾文化中的「企業教父」，其個人形象如同一位高高在上的審判者，掌握他人命運的生殺大權。

在這段從商時期中，川普的財富數字起伏劇烈，但他影響力的曲線卻是一路上升。他掌握的不只是資本，更是注意力；不只是地產，更是話語權。他的每一次破產重組、每一次媒體操作、甚至每一次誇張言論，背後都有著精密的「操縱感知」策略。

2010 年代

川普逐步轉向政治場域，公開挑戰歐巴馬的國籍正當性，並發表針對移民、伊斯蘭與全球化的激進言論，測試政治界的輿論界限。他發現，商業與政治之間的界線在資訊時代早已模

糊，只要能主導敘事，你就能掌握權力。他開始不再滿足於作為談判桌上的贏家，而是想成為設定談判規則的人。

這一階段的川普，完成了從「財富追逐者」到「敘事主導者」的轉變。他不再單靠經濟實力，而是靠**心理操作、媒體駕馭與品牌權力**，構築出一個即使在現實中起伏，也能在感知上永遠制高的「川普宇宙」。這個宇宙，成為他進軍政壇時最強的彈藥庫。

從政時期（2015～2025年4月11日）

2015年6月16日

川普在紐約川普大廈宣布參選2016年總統，主打「讓美國再次偉大」（Make America Great Again, MAGA），訴求反移民、反全球化、重振工業，正式啟動政治版圖。

2016年11月8日

擊敗希拉蕊‧柯林頓，當選美國第45任總統，成為史上首位無從政或軍事背景的總統。此次勝選象徵著美國保守派浪潮的崛起與政治極化的開端。

2017～2021年

推動「美國優先」政策，強硬對抗中國，開啟中美貿易戰，陸續退出《巴黎協定》、《聯合全面行動計畫》及《跨太平洋夥伴

全面進步協定》(TPP)，並提升對臺軍售與官方互動。2020 年爆發 COVID-19 疫情，美國防疫失利，成為其競選連任的重大阻力。

2020 年 11 月 3 日

川普敗選給喬‧拜登 (Joe Biden)，但拒絕承認敗選，主張「大選舞弊」論，號召支持者集結抗爭。

2021 年 1 月 6 日

國會山莊暴動事件爆發，川普成為美國史上首位兩度被彈劾的總統，雖未被定罪，但社群平臺封鎖其帳號，影響力一度重挫。

2022～2024 年

川普復出，積極經營「真相社群」(Truth Social) 平臺重建話語權，整合共和黨保守派勢力，持續以「被奪走的勝利」凝聚群眾。2024 年再度代表共和黨參選。

2024 年 11 月 5 日

成功擊敗拜登，當選美國第 47 任總統，成為自 19 世紀格羅弗‧克里夫蘭以來第二位「非連任、重返白宮」的總統，象徵民粹與交易政治的回潮。

川普年表

2025 年 1 月 20 日

川普正式展開第二任期，迅速簽署一系列行政命令，包括：增兵南方邊界、暫停移民綠卡審核、撤銷氣候相關限制、擴大美國製造補貼，重啟國際貿易談判與軍備升級。

2025 年 2～3 月

川普主導新一波經濟民族主義政策，指責部分貿易夥伴藉由規避產地認定而「掏空美國就業」，並明示將重啟多國雙邊貿易談判，以實現更高「公平性」與「美國利益優先」的貿易條件。

2025 年 4 月 2 日｜關鍵轉折：第二輪貿易戰啟動

川普政府宣布，將對全球商品徵收起跳 10％的關稅，以推動「對等貿易」原則。美國貿易代表署指出，此舉旨在打擊中國透過第三國轉運規避關稅的行為，並將強化產品原產地查核與關稅預警機制。

此舉引發全球供應鏈震盪，也讓臺灣首度從「科技夥伴」變成「貿易施壓對象」，象徵川普第二任期對盟友不留情面的政策風格，讓「極限談判」戰術擴及包括民主夥伴在內的經濟體。

2025 年 4 月 11 日

白宮強調對外政策將不分親疏，以「是否有利美國工人與製造」作為唯一指標。川普在公開場合再度重申：「沒有美國，就沒有世界貿易的規則。」臺灣、日本、歐盟代表紛紛尋求與美方進行高層協商，企圖減緩報復效應。

川普政治模式的再強化

川普從政不僅是選票動員的故事,而是一場長期的敘事操盤。他不依靠政策細節,而以情緒動員、敵我分明與極限施壓手段為主軸,將全球經濟與安全議題「人格化」、「簡單化」與「可敵視化」。他的政治模式不只是對美國內政的挑戰,更對全球民主、貿易與科技合作體系造成深遠影響。

川普從商到從政的轉變,其實始終未離開他最熟悉的劇本:**這是一場交易**——**只是籌碼換了名字,戰場變得更大。**

國家圖書館出版品預行編目資料

川普效應：權力心理學與全球棋局 / 遠略智庫
著 . -- 第一版 . -- 臺北市：山頂視角文化事業有
限公司 , 2025.05
面 ； 公分
POD 版
ISBN 978-626-7709-10-8(平裝)
1.CST: 川普 (Trump, Donald, 1946-) 2.CST:
美國政府 3.CST: 政治 4.CST: 國際關係 5.CST:
美國外交政策
574.52　　　　　　　　　114005858

川普效應：權力心理學與全球棋局

作　　　者：遠略智庫
發　行　人：黃振庭
出　版　者：山頂視角文化事業有限公司
發　行　者：山頂視角文化事業有限公司
E - m a i l：sonbookservice@gmail.com
粉　絲　頁：https://www.facebook.com/sonbookss/
網　　　址：https://sonbook.net/
地　　　址：台北市中正區重慶南路一段 61 號 8 樓
8F., No.61, Sec. 1, Chongqing S. Rd., Zhongzheng Dist., Taipei City 100, Taiwan
電　　　話：(02) 2370-3310　　傳　　　真：(02) 2388-1990
印　　　刷：京峯數位服務有限公司
律師顧問：廣華律師事務所 張珮琦律師

-版權聲明-

本書作者使用 AI 協作，若有其他相關權利及授權需求請與本公司聯繫。
未經書面許可，不可複製、發行。

定　　　價：420 元
發行日期：2025 年 05 月第一版
◎本書以 POD 印製